Intégration régionale « appropriée » en Afrique

Éléments juridiques d'effectivité

PETER LANG
Bruxelles • Bern • Berlin • New York • Oxford • Wien

Business & Innovation

Vol. 28

La création de nouvelles activités, de nouveaux modes de production et de consommation, de nouveaux biens et services, de nouveaux marchés, de nouveaux emplois, etc. repose aussi bien sur l'action héroïque des entrepreneurs que sur la stratégie des grandes entreprises qui se déploient sur une échelle mondiale. L'innovation et les affaires sont intrinsèquement liées. Trois grandes thématiques seront particulièrement privilégiées : Entrepreneuriat, entreprise, innovation et développement durable ; Innovation et réseaux ; L'Innovation dans un contexte global. Les rapports synergiques entre entrepreneuriat innovant, stratégies des firmes et politiques d'innovation constituent un axe majeur dans le changement des paradigmes technologiques et la modification des structures économiques et sociales des pays riches et moins riches. Dans la collection sont publiés en français ou en anglais des ouvrages d'économie, de management et de sociologie de l'innovation, du changement et de l'entrepreneur dans une perspective locale, nationale et internationale.

La collection bénéficie de l'appui du Réseau de Recherche sur l'Innovation.

Samuel-Jacques Priso-Essawe

Intégration régionale « appropriée » en Afrique

Éléments juridiques d'effectivité

Business and Innovation
Vol. 28

Cet ouvrage est cofinancé par Laboratoire "Biens, Normes, Contrats" d'Avignon Université

Laboratoire Biens Normes et Contrats
E.A. 3788

Information bibliographique publiée par "Die Deutsche Bibliothek".
"Die Deutsche Bibliothek" répertorie cette publication dans la "Deutsche National-bibliografie"; les données bibliographiques détaillées sont disponibles sur le site <http://dnb.d-nb.de.>

ISBN 978-2-8076-1963-0 • ISSN 2034-5402
E-ISBN 978-2-8076-1964-7 (ePDF) • E-ISBN 978-2-8076-1965-4 (EPUB)
DOI 10.3726/b18533
D/2021/5678/46

Éditions scientifiques internationales
Bruxelles, 2021
1 avenue Maurice, B-1050 Bruxelles, Belgique

Cette publication a fait l'objet d'une évaluation par les pairs.

www.peterlang.com

« … *La poursuite de l'intégration est quelque chose de la nature d'une lutte épique : une lutte pour la congruence entre ce que nous proclamons et ce que nous pouvons faire ; [...] une lutte pour affiner et améliorer les appareils institutionnels qui servent la mission de l'intégration et de la coopération* »

Roderick Rainford
Secrétaire Général de la CARICOM (1983–1992)

Table des matières

Abréviations et sigles

CEA	Commission économique des Nations Unies pour l'Afrique
CEDEAO	Communauté économique des États de l'Afrique de l'Ouest
CEEAC	Communauté économique des États de l'Afrique centrale
CEMAC	Communauté économique et monétaire de l'Afrique centrale
CEN-SAD	Communauté économique des États sahélo-sahariens
CER	Communauté(s) économique(s) régionale(s)
CJ CEDEAO	Cour de justice de la CEDEAO
CJ CEMAC	Cour de justice de la CEMAC
CJ UEMOA	Cour de justice de l'UEMOA
COMESA	Marché commun de l'Afrique de l'Est et de l'Afrique australe
EAC	Communauté de l'Afrique de l'Est
EACJ	Cour de Justice de la Communauté de l'Afrique de l'Est
IGAD	Autorité intergouvernementale pour le développement
OHADA	Organisation pour l'harmonisation en Afrique du droit des affaires
OUA	Organisation de l'unité africaine
RCADI	Recueil des cours de l'Académie de droit international de La Haye
SADC	Communauté de développement de l'Afrique australe
TFUE / TF	Traité sur le fonctionnement de l'Union européenne
UA	Union africaine
UDEAC	Union douanière et équatoriale de l'Afrique centrale
UEAC	Union économique de l'Afrique centrale

UEMOA	Union économique et monétaire ouest-africaine
UMA	Union du Maghreb arabe
UMAC	Union monétaire de l'Afrique centrale
ZLEC	Zone de libre-échange continentale

Introduction

Les traités et organisations d'intégration économique se sont multipliés en Afrique depuis le milieu du XXe siècle, comme dans les autres parties du monde. Toutes les régions sont touchées par ce phénomène, qui y présente la particularité de procéder d'une vision coordonnée. Décidés à œuvrer à l'unité politique et économique du continent dans son ensemble, les États ont mis en place une stratégie globale d'intégration, qui se veut progressive et par cercles concentriques. Chacune des régions africaines abrite une communauté économique qui constitue une brique de l'édifice final que sera la *Communauté économique africaine*. Le traité instituant celle-ci a été signé à Abuja, au Nigeria, le 3 juin 1991. Entré en vigueur le 12 mai 1994, il fait suite à l'adoption du « *Plan d'action de Lagos pour le développement économique de l'Afrique (1980–2000)* »[1]. L'Acte Final de ce sommet extraordinaire de l'OUA prévoyait en effet « au cours de la décennie des années 1980 », de « renforcer les communautés économiques existantes et (de) créer d'autres groupements économiques dans les autres régions de l'Afrique, de manière à couvrir l'ensemble du continent (Afrique centrale, Afrique orientale, Afrique australe, Afrique du Nord) » et, « au cours de la décennie des années 1990 » de « poursuivre les mesures préparant la voie à l'établissement d'un marché commun africain et celles susceptibles de permettre la réalisation des buts et objectifs de la Communauté économique africaine ». L'intégration économique était donc envisagée à l'échelle de l'Afrique tout entière, en passant par l'élaboration progressive dans les différentes régions de communautés économiques régionales (CER). Huit en ont obtenu le « label » :

- la Communauté économique des États de l'Afrique de l'Ouest (CEDEAO)

---

1 Organisation de l'Unité Africaine, 2e Sommet extraordinaire des Chefs d'État et de Gouvernement, Lagos, 28–29 avril 1980.

- le Marché commun de l'Afrique de l'Est et de l'Afrique australe (COMESA)
- la Communauté de développement de l'Afrique australe (SADC)
- la Communauté économique des États de l'Afrique centrale (CEEAC)
- l'Autorité intergouvernementale pour le développement (IGAD)
- l'Union du Maghreb arabe (UMA)
- la Communauté économique des États sahélo-sahariens (CEN-SAD)
- la Communauté de l'Afrique de l'Est (EAC)

Toutes n'ont cependant pas connu la même fortune. Certaines ont à peine été réellement instituées ; c'est le cas de la CEN-SAD, dont la naissance et le leadership ont été le fait du dirigeant libyen et qui, depuis sa chute en 2011, a vu sa dynamique décroître. C'est le cas aussi de l'UMA, qui pâtit des relations difficiles entre certains de ses États membres (en l'occurrence l'Algérie et le Maroc, sur le dossier du Sahara occidental) d'une part, et de la situation particulière de la Libye, du fait d'abord de sa recherche de leadership continental[2] puis depuis près d'une décennie de sa lente décrépitude depuis le renversement du régime militaire révolutionnaire en 2011. Par ailleurs, les CER se sont en règle générale superposées à des organisations sous-régionales préexistantes dont le dynamisme a parfois été supérieur. La CER d'Afrique centrale tente tant bien que mal de se faire une place aux côtés de la Communauté économique et monétaire de l'Afrique centrale (CEMAC), qui a succédé en 1994 à l'Union douanière et économique de l'Afrique centrale (UDEAC). En Afrique de l'Ouest, la CER coexiste avec l'Union économique et monétaire d'Afrique de l'Ouest (UEMOA), qui a pris la suite en 1994 de la Communauté économique de l'Afrique de l'Ouest et remplace progressivement l'Union monétaire de l'Afrique de l'Ouest[3]. À cette superposition intrarégionale, s'ajoute une autre, transrégionale,

2 Le régime du Colonel Libyen Kadhafi a en effet été l'un des principaux artisans de la création de la CEN-SAD (accord de Tripoli du 4 février 1998) et sa labellisation comme CER, puis de la transformation de l'OUA en Union Africaine en 2002 (Déclaration de Syrte du 9 septembre 1999).

3 Par le traité de Dakar instituant l'UEMOA, les États membres s'engagent en effet à « compléter (…) l'Union Monétaire Ouest Africaine (UMOA) par de nouveaux transferts de souveraineté et de transformer cette Union en Union Économique et Monétaire Ouest Africaine ». L'article 112 du traité dispose par ailleurs que « en

certaines des CER regroupant des États appartenant à d'autres CER, comme le montre le schéma suivant :

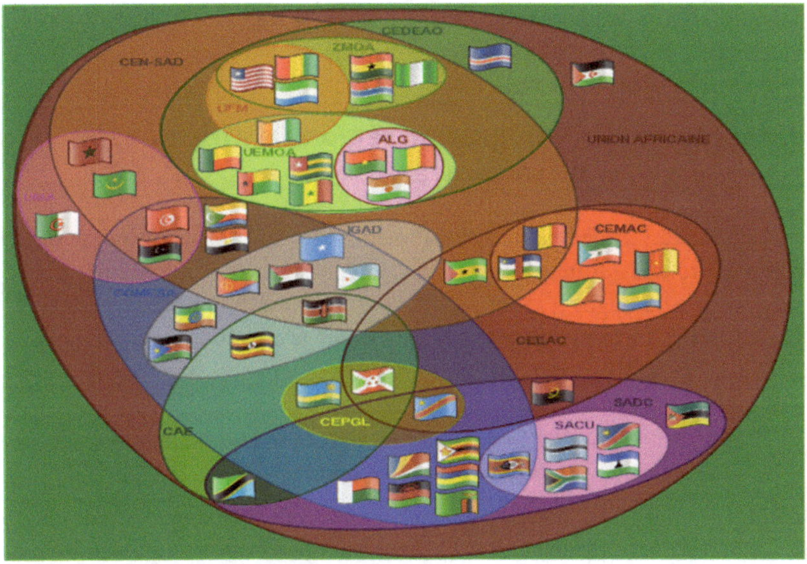

Figure 1: Diagramme d'Euler des organisations régionales africaines
(© Creative Commons, août 2014)

Le tableau ne semble pas prêt d'arrêter de s'enrichir puisque le 10 juin 2015, 26 États africains représentant le COMESA, l'EAC et la SADC ont signé à Charm-El-Cheikh en Égypte un traité instituant la Zone tripartite de libre-échange[4], et que le 30 mai 2019 est entré en vigueur le traité de Kigali du 21 mars 2018 instituant la Zone de libre-échange continentale (ZLEC)[5], en attendant la Communauté économique africaine…

temps opportun, la Conférence des Chefs d'État et de Gouvernement adoptera un Traité fusionnant le Traité de l'UMOA et le présent Traité ».

4 La TFTA (tripartite free trade area). Voir Brusil Metou, « Le marché commun africain sort des fonts baptismaux à Charm El-Cheikh », *Bulletin Sentinelle – Actualité droit international*, 06.12.2015 (www.sentinelle-droit-international.fr); Albert Makochekanwa, « Welfare Implications of COMESA-EAC-SADC Tripartite Free Trade Area », *African Development Review*, vol. 26, n° 1, 2014, pp. 186–202.

5 Le traité et les annexes sont disponibles sur https://www.tralac.org/resources/by-region/cfta.html.

À ce jour, le bilan de l'intégration régionale africaine est donc assez contrasté (§ 1). Vu sous l'angle du droit, les raisons en ont souvent été explorées, mais s'avèrent de notre point de vue inopérantes. Il nous a paru opportun de renouveler l'analyse (§ 2), la théorie de l'appropriation fournissant un cadre adapté à cet effet (§ 3).

Paragraphe 1. L'intégration régionale africaine, un bilan contrasté

Le bilan de l'intégration économique africaine dressé par des organismes compétents n'est donc pas brillant, l'intégration telle que prévue par le programme de Lagos n'ayant pas (encore) réussi à dynamiser les relations économiques intra-africaines, ni à accentuer le développement endogène attendu. Les CER sont à des stades d'avancement très hétérogène :

Tableau 1 : État de l'intégration économique régionale, par CER (Source : Commission économique pour l'Afrique, 2017, p.17)[a]

C.E.R.	Zone de Libre-Échange	Union Douanière	Marché Unique	Pays ayant appliqué le protocole sur la liberté de circulation	Union économique et monétaire
CAE	✔	✔	✔	3 pays sur 5	✖
COMESA	✔	✖	✖	Seul le Burundi a ratifié le protocole ; le Rwanda serait sur le point de le faire	✖
CEDEAO	✔	✔	✖	Les 15 pays	✖
SADC	✔	✖	✖	7 pays sur 15	✖
CEEAC	✔	✖	✖	4 pays sur 11	✔
CEN-SAD	✖	✖	✖	Situation mal précisée	✖
IGAD	✖	✖	✖	Pas de protocole	✖
UMA	✖	✖	✖	3 pays sur 5	✖

[a] Commission économique des Nations Unies pour l'Afrique, *État de l'intégration régionale en Afrique,* vol. VIII, Addis-Abeba, 2017, p. 17.

Aussi au début de la décennie 2010, une nouvelle stratégie est mise en place pour redonner de la vitalité au processus. Prenant acte des difficultés du processus d'intégration, les dirigeants africains demandent aux parties prenantes au processus d'intégration, plus particulièrement aux CER, et à la Commission de l'Union africaine, de convenir d'un Programme Minimum d'Intégration (PMI) [6]. Sous cette dénomination se cache « un cadre [...] de coordination, de convergence et de collaboration, entre les CER, pour atteindre l'objectif ultime, à savoir l'intégration du continent et la Communauté économique africaine (et qui) sera le trait d'union ou le dénominateur commun entre les acteurs de l'intégration continentale africaine »[7]. Le PMI a été adopté par la Conférence des Chefs d'État de l'Union africaine lors de sa session de juillet 2009 à Syrte en Libye.

Au-delà de cette politique nouvelle, une réalité s'impose. C'est que les décennies passent, les stratégies et échéances se succèdent et se renouvellent, mais l'intégration économique ne progresse que très peu vers les objectifs assignés. Elle n'irrigue pas encore assez les activités économiques et sociales quotidiennes des acteurs dont elle est censée améliorer le cadre d'action, les opportunités économiques, la qualité et le niveau de vie. Si les critères d'appréciation et principaux indicateurs sont d'ordre économique et commercial, il reste que dans toutes les régions africaines, les processus d'intégration ont été institués par des traités internationaux. Les États signataires ont pris des engagements les uns vis-à-vis des autres et chacun vis-à-vis des personnes sous leur juridiction. Le constat que les objectifs de l'intégration ne sont pas (encore) atteints est donc aussi le constat que les engagements juridiques des États ne sont pas (entièrement) tenus. De nombreuses études ont été consacrées à cette dimension juridique, analysant notamment le cadre et les mécanismes juridiques des différents processus d'intégration et la place qu'y occupe la règle de droit[8]. Le droit de l'intégration économique régionale en

---

6 Commission de l'Union africaine, *Le Programme Minimum d'Intégration*, Addis-Abeba, mai 2009 : *https://au.int/web/sites/default/files/newsevents/programmes/12571-pg-pmi_final_fr.pdf*

7 *Ibid.*, p. 7.

8 Voir principalement R. Frimpong Oppong, *Legal Aspects of Economic Integration in Africa*, Cambridge University Press, 2011. Pour des approches régionales : E. Ugirashebuja, J.E. Ruhangisa, T. Ottervanger, A. Cuyvers (eds.), *East African Community law. Institutional, Substantive and Comparative EU Aspects*, Brill, 2017 ; E. Cerexhe et L. Le Hardy de Beaulieu, *Introduction à l'Union économique ouest-africaine*, De Boeck, 1997 ; A. Sall, *Les mutations de l'intégration des États en Afrique de l'Ouest. Une approche institutionnelle*, Paris, L'Harmattan, 2006 ; L.M. Ibriga, S.A. Coulibaly, D. Sanou, *Droit Communautaire Ouest-Africain*, Université de Ouagadougou, U.F.R. de Sciences Juridiques et Politiques, Collection Précis de droit burkinabè, novembre 2008, 510 p ; S. Priso-Essawe, *Intégration économique et*

Afrique s'est considérablement étoffé, parce que par ailleurs la situation institutionnelle et juridique de ces organisations a radicalement changé depuis notamment le début de la décennie 1990[9]. L'un des principaux facteurs de ce changement a été la juridictionnalisation, devenue désormais une constance dans l'architecture institutionnelle des communautés économiques africaines[10]. Pour autant, force est de constater que les espoirs suscités par ces réformes n'ont pas nécessairement produit les effets escomptés, puisque le bilan évoqué ci-dessus est postérieur à ce vaste mouvement de réhabilitation des CER et autres organisations sous-régionales. Il semblait donc opportun de porter l'analyse sous une optique différente.

Paragraphe 2. La nécessité de renouveler l'analyse juridique

En effet, le problème ne serait plus, de prime abord, lié à l'absence d'institutions ; elles ont été réformées. Il ne semblerait plus non plus relever de l'absence de juridiction, puisque désormais chaque communauté

---

droit en Afrique centrale, thèse de droit public, Montpellier 1, 1997 ; E. Gnimpieba Tonnang, *L'ordre juridique communautaire de la CEMAC*, L'Harmattan, 2016 ;

9 De nombreuses communautés économiques ont en effet été réformées avec une volonté de redynamisation. C'est le cas de l'EAC recréée en 1999 après une éclipse de 22 ans. C'est le cas aussi de l'UEMOA qui, en 1994, a succédé à la Communauté économique de l'Afrique de l'Ouest (CEAO), de la CEDEAO dont le traité de 1975 a été révisé en 1993, ou encore de la CEMAC qui a remplacé l'Union douanière et économique de l'Afrique centrale (UDEAC) en 1994. Ces révisions ont entre autres permis la création de juridictions communautaires, ainsi que la mise en place d'une nomenclature normative ouvertement inspirée de celle de l'Union européenne, avec des règlements, directives, décisions, recommandations et avis. C'est aussi à cette occasion que des exécutifs collégiaux ont progressivement vu le jour (l'UEMOA, la CEMAC puis la CEDEAO sont passées d'un Secrétariat exécutif à une Commission).

10 Voir à ce sujet : M. Kamto, « Les Cours de justice des communautés et des organisations d'intégration économique africaines », *African Yearbook of International Law*, vol. 6, 1998, pp. 107–150 ; J. Fipa Nguepdjo, *Le rôle des juridictions supranationales de la CEMAC et de l'OHADA dans l'intégration des droits communautaires par les États membres*, thèse de droit public, Paris 2, 2011 ; D. Sanou, *La juridictionnalisation des Organisations régionales d'intégration économique en Afrique*, thèse de droit public, Paris 1, 2012 ; E.-D. Kemfouet Kengny, *Les juridictions des organisations d'intégration économique en Afrique*, Paris, LGDJ, 2017 ; Alioune Sall, *La justice de l'intégration. Réflexions sur les institutions judiciaires de la CEDEAO et de l'UEMOA*, Dakar, L'Harmattan, 2e édition, 2018.

économique en est dotée. On peut donc éventuellement être amené à se demander si le projet d'intégration répond à un besoin réel, un désintérêt pouvant expliquer les difficultés constatées. Mais là aussi, la réponse est négative, puisque les opérateurs économiques font valoir leur espoir que se réalisent enfin les objectifs affichés par les différents traités. Reste donc l'hypothèse d'une probable inadéquation du processus d'intégration tel qu'il est appliqué. Autrement dit, le problème ne résiderait pas dans l'existence des mécanismes et institutions juridiques, mais serait plutôt celui des caractéristiques mêmes de ces mécanismes et institutions. Au-delà du fonctionnement des mécanismes actuels, se poserait la question de l'adéquation desdits mécanismes au contexte dans lesquels ils sont appelés à produire leurs effets. Et cette hypothèse renverrait en boomerang toutes les hypothèques qui semblaient *a priori* être désormais exclues !

Toutefois, poser le problème sous cet angle reste *statique*. Car au-delà des caractéristiques des mécanismes et règles qui sont mis en place pour réaliser l'intégration, on ne peut pas faire l'économie d'un questionnement des ressorts profonds qui motivent la mise en place du processus d'intégration, et de la capacité de tous les acteurs à faire produire aux règles et institutions leur effet. Les institutions et règles sont des outils au service d'un objectif. Ce qui préoccupe à la longue quand on étudie l'intégration économique régionale africaine, c'est de trouver les raisons pour lesquelles tous les efforts institutionnels, financiers, économiques, structurels déployés n'ont pas conduits à un changement profond, un enracinement décisif de l'intégration régionale africaine. Sans prétendre mener une étude sociologique voire psychologique, il nous semble finalement que le volet « mécanique » a suffisamment été exploré. En revanche, l'écueil sur lequel la plupart des analyses bute est le décalage existant entre l'« infrastructure juridique » déployée dans les différentes organisations régionales et sous-régionales d'une part, et la réalité quotidienne qu'elle est appelée à régir voire à façonner d'autre part. Or constater ce décalage conduit en général à une impasse dès lors qu'on intègre le fait que l'infrastructure en question est un instrument à la portée unique des responsables politiques des États ; en somme, le cercle est vicieux puisque la résolution du problème passerait par ceux par qui le problème est supposé arriver… Cette vision *verticale* et *descendante* du système juridique communautaire affecte considérablement le développement du processus d'intégration. D'où un intérêt pour les voies et moyens juridiques permettant, dans la mesure du possible, de sortir de l'impasse de l'analyse « mécanique » : l'intégration économique est un projet politique global, un projet d'organisation de la société et, en tant que tel, elle devrait pouvoir être extraite de la seule sphère des instances *officielles* pour être à la portée de l'ensemble des acteurs de la société. Cela implique dès lors que le processus d'intégration, dans ses caractéristiques et modalités, soit enraciné dans le quotidien de celles et ceux qui doivent en tirer profit et vers l'activité desquels il est tourné. Au fond, la question est bien celle des conditions qui permettraient au processus d'intégration de passer du stade d'objectif conventionnel à celui de réalité sociale.

L'expérience des autres peut être un outil important d'analyse. L'intégration est un phénomène répandu dans le monde, et sa mise en œuvre est bien plus ancienne sous d'autres cieux, notamment européens. La situation y est meilleure à tous égards, et notamment dans la réalisation des objectifs conventionnels. Il peut donc être tentant de se référer à l'analyse comparatiste pour pouvoir identifier le cas échéant les zones d'ombre et les marges de progression de l'intégration africaine. Cela l'est d'autant plus que des institutions officielles des organisations africaines d'intégration elles-mêmes puisent dans l'expérience européenne des ressources pour remplir leurs missions. C'est le cas des juridictions régionales, qui trouvent souvent dans la jurisprudence de la Cour de justice de l'Union européenne les solutions qu'elles appliquent. Ce n'est cependant pas la démarche que nous retiendrons pour cette étude. D'abord parce qu'elle a déjà été menée à plusieurs reprises, sous différents angles, sans que n'en émergent des explications claires quant à la problématique qui est la nôtre ici[11]. Ensuite parce que l'influence européenne est présente dans les textes fondamentaux de la plupart des organisations africaines d'intégration, dont l'architecture institutionnelle et juridique trouve ses fondements dans le système européen, sans que cela ne conduise à résoudre les problèmes soulevés. Enfin parce que les développements récents du régionalisme montrent une tendance à développer des modèles spécifiques[12]. C'est donc sur d'autres bases qu'il

11 Problématique qui n'était d'ailleurs pas nécessairement l'objet de ces études. Voir par exemple Catherine Flaesch-Mougin, Joël Lebullenger (dir.), *Regards croisés sur les intégrations regionals : Europe, Amérique, Afrique*, Bruylant, 2010 ; voir aussi les actes (inédits) du colloque sur *Le niveau pertinent d'intégration. Regards croisés sur l'intégration en Europe et en Afrique centrale*, tenu à l'Institut des Relations Internationales du Cameroun (Yaoundé, novembre 2008).

12 Voir en ce sens Philippe De Lombaerde et Liliana Lizarazo Rodríguez, « International Regionalism and National Constitutions. A Jurimetric Assessment », European University Institute, Robert Schuman Centre for Advanced Studies, Global Governance Programme, Working Paper RSCAS 2014/72, 23 p.. Les auteurs

faut tenter de trouver des réponses aux hypothèques de la réalisation des engagements conventionnels dans les communautés économiques régionales africaines.

L'intégration régionale ne peut pas être étudiée comme une simple transposition indispensable du fonctionnement des structures étatiques au niveau régional ; les logiques qui la fondent ne sont pas identiques, même si les enjeux démocratiques n'y sont pas absents[13]. L'on sait aussi désormais, grâce au courant théorique du « *nouveau régionalisme* »[14], que ces logiques sont multiples, et que l'approche « par le haut » devrait être complétée par une approche « par le bas ». C'est sur cette base qu'il faut rechercher un schéma contextualisé, échappant à un institutionnalisme et à une forme d'« eurocentrisme » de la théorie de l'intégration économique régionale. Le *nouveau régionalisme* est une démarche inclusive, schématiquement résumée par Fredrik Söderbaum comme suit[15] :

écrivent ainsi que "the EU is usually taken as the main point of reference, given that its regional integration process has created an important corpus of supranational law and institutions and simultaneously reduced national sovereign competences of its member states. However, when looking at regionalism globally, although one can observe a renewed dynamism since the 1990s (the so-called *new regionalism*) in many regions, one cannot observe a systematic adoption of the 'European model', understood as the formal model of European supranationalism, elsewhere" (p. 2)

13 Voir aussi dans ce sens, à propos de l'Union européenne, Sébastien Roland, « La parlementarisation de l'Union européenne », in L. Dubin et M.-C. Runavot (dir.), *Le phénomène institutionnel international dans tous ses états : transformation, déformation ou réformation ?*, Paris, Pedone, 2014, pp. 123–137, not. pp. 134–135.

14 Voir notamment : Björn Hettne & Fredrik Söderbaum, « The new regionalism approach », Politeia, vol. 17, n° 3, 1998 ; Fredrik Söderbaum, *Rethinking Regionalism*, Palgrave Macmillan, 2016. Pour un panorama de la littérature sur le nouveau régionalisme, voir Ph. De Lombaerde et F. Söderbaum (eds.), *Regionalism* (London, SAGE Publications, 2013), notamment le vol. III : *The new regionalism (1990–2000)*. Pour une présentation synthétique, voir Sabine Saurugger, *Théories et concepts de l'intégration européenne* (Les Presses de SciencesPo, 2009, pp. 377–389).

15 F. Söderbaum et Th. Brolin, *Support to regional cooperation and integration in Africa – What works and why?* Rapport à l'Expert Group for Aid Studies (EBA), Stockholm, 2016, p. 27. Voir aussi F. Söderbaum, "Rethinking regions and regionalism", *Georgetown Journal of International Affairs*, Summer/Fall 2013, pp. 9–18. Les italiques dans le tableau sont de nous.

Tableau 2: Caractéristiques du « Nouveau Régionalisme » (F. Söderbaum, 2013)

Classical (or "old") regionalism	Contemporary (or "new") regionalism
Shaped by Cold War logic and often imposed from outside by the superpowers	Shaped by a multipolar and "multiplex" world order
European phenomenon modeled on the European Communities	*Global and heterogeneous phenomenon*
Introvert in nature and often protectionist	Extrovert in nature, linked to globalization and global challenges
Exclusive in terms of membership	Inclusive in terms of membership
Specific objectives (usually in specific sectors)	Comprehensive and multidimensional
Dominated by state actors in intergovernmental regional organizations	*Built by state, market and civil society actors in various institutional forms and networks*

L'analyse des processus d'intégration passe ainsi par une prise en considération des mécanismes et structures qui y participent *effectivement*, en dehors du seul cadre institutionnel de l'Organisation Internationale chargée de conduire le processus. Cela s'avère particulièrement important dans le contexte africain, caractérisé sur le plan économique notamment, par une extraversion et une dépendance vis-à-vis d'États tiers d'une part, et par une forte part du secteur informel d'autre part. Les progrès sont durables dans les cas où les acteurs de terrain en ont été des vecteurs importants[16]. On peut ainsi observer par exemple que les difficultés de la libéralisation de la circulation des personnes n'empêchent pas nécessairement une intense circulation des personnes, y compris entre des États ne faisant pas partie des mêmes communautés économiques régionales[17]. L'adoption de textes ne fait alors parfois que faciliter, *fluidifier*, la réalité. De même, alors que le principe de la liberté

16 Tel est le cas notamment du fort développement de l'Organisation pour l'harmonisation en Afrique du droit des affaires (OHADA) instituée en 1993.

17 L'intensité des relations commerciales entre le Cameroun et le Nigeria conduit souvent à critiquer le découpage régional qui a inscrit ces Etats dans deux régions différentes. L'Union européenne pour sa part a négocié des accords de partenariat économique avec des régions ne correspondant pas toujours aux frontières de Communautés existantes (voir S. Priso-Essawe, « L'Union européenne et l'intégration africaine : structuration, déstructuration, restructuration », *Revue de l'Union européenne*, 2018, n° 621, pp. 466 et s).

de circulation des marchandises peine à s'affirmer comme un principe effectif des différentes communautés économiques, le dynamisme commercial des zones frontalières n'est plus à démontrer[18]. Ces villes-frontières sont de véritables grands marchés, brassant les populations des États concernés. Ainsi, le commerce transfrontalier ne s'y développe pas toujours du fait de la mise en place d'une union douanière par le traité, mais souvent malgré les dispositions communautaires ineffectives qui, éventuellement limitent cette circulation des marchandises. Par ailleurs, au plan institutionnel, l'exercice collectif du pouvoir qui caractérise l'organisation d'intégration dans ses domaines de compétence n'est très souvent qu'apparent dans les organisations africaines[19]. Toutes les dynamiques doivent alors être impliquées pour un ancrage du processus d'intégration dans la réalité sociale. En d'autres termes, l'analyse de l'effectivité de l'intégration régionale en Afrique doit rechercher la forme sous laquelle ce processus résulterait, pour les sociétés concernées, d'une véritable *appropriation*[20].

---

18 Sur ces points, voir par exemple l'analyse de T.L. Weiss, « Migrations et conflits frontaliers : une relation Nigeria-Cameroun contrariée », *Afrique contemporaine* n° 180, oct–nov. 1996, pp. 39–51.

19 S'il existe en effet des Conférences de chefs d'État, on peut toutefois noter que certaines des décisions de ces organes apparaissent souvent comme une validation des volontés d'un [Chef d'] État. Ainsi, un membre de la Commission peut être démis de ses fonctions en cours de mandat et en dehors de toute procédure disciplinaire, sur proposition du Chef de l'État membre dont il est ressortissant, et dans l'objectif de le remplacer par une autre personnalité (Voir CJ UEMOA, arrêts du 27 avril 2005 et du 5 avril 2006, *Eugène Yaï c/ UEMOA c. Conférence des chefs d'État et Commission de l'UEMOA*). De même, le juge communautaire a refusé de donner droit à une demande d'indemnisation du responsable d'un exécutif régional – remplacé lui aussi avant la fin de son mandat, et sans invocation d'une faute quelconque au motif que la désignation de la personne titulaire de cette fonction est une compétence discrétionnaire de l'État concerné (voir CJ CEMAC, 17 juillet 2003, *Thomas Dakayi Kamga c. CEMAC*). Dans ces deux cas pourtant, l'autorité de nomination n'est pas le Chef de l'État d'origine, mais la Conférence des chefs d'État… Sur ces deux affaires, voir S. Priso-Essawe, « L'inamovibilité de l'exécutif dans les Communautés économiques d'Afrique francophone : de la maîtrise politique au respect du droit », *Revue trimestrielle de droit africain – Penant,* 2008, n° 864, pp. 317 et s.

20 Cet objectif est d'ailleurs parfois affiché comme l'un des éléments motivant la conduite du processus d'intégration. C'est ce qu'affirme par exemple le préambule de la convention de la CEMAC relative à l'Union économique, qui proclame « la nécessité pour l'Union Économique de modifier ses stratégies en vue d'accélérer le processus d'intégration économique en Afrique centrale, en assurant notamment (…) le *renforcement de l'appropriation du projet* d'intégration par les États membres » (Convention de la CEMAC relative à l'UEAC, préambule. C'est nous qui soulignons)

Paragraphe 3. Pour une « appropriation » de l'intégration

L'appropriation est l'action d'adapter quelque chose à un usage déterminé. Du point de vue de l'intégration économique régionale, l'appropriation du processus fait donc référence à la recherche d'éléments qui lui permettraient d'atteindre les objectifs assignés. Cela renvoie à l'adéquation entre la fin et les moyens, à l'adaptation des seconds à la première. Mais l'appropriation c'est aussi le fait qu'une chose devient ou est devenue propriété de quelqu'un. S'approprier, c'est faire sien ; c'est transformer l'objet en une extension de soi. C'est sous ce double prisme que l'appropriation de l'intégration est envisagée ici.

L'appropriation traduit un rapport à l'objet. Pour Jean-Paul Sartre qui en a fait un élément de son ontologie, « on fait l'objet pour entretenir un certain rapport avec lui. Ce rapport neuf peut être immédiatement réductible à "l'avoir" [...]. Le "faire" se réduit à un moyen d'avoir »[21]. Mais parfois l'important dans ce qu'on fait réside non pas dans le "faire", mais dans le droit de propriété qui découle du lien de création : « il ne s'agit pas seulement que tel tableau, dont j'ai l'idée, existe ; il faut encore qu'il existe *par moi* », poursuit le philosophe[22]. Ainsi, l'appartenance est double : « en premier lieu comme un objet d'usage qui est à ma disposition et que je possède [...], en second lieu comme mon œuvre »[23]. Il y aurait ainsi une « appropriation par jouissance » et une « appropriation par création ». Sartre considère aussi que « c'est encore s'approprier [...] que *connaître* »[24], qui « est une des formes que peut prendre l'*avoir* »[25]. Mais, au final, si l'appropriation évoque la propriété, ce qui est fondamental c'est l'utilité de celle-ci ; « posséder un objet c'est pouvoir *en user* »[26], « je jouis de la propriété si je la dépasse vers l'usage [...]. C'est seulement lorsque je dépasse *mes* objets vers un but, lorsque je les utilise, que je

---

21 J.-P. Sartre, L'être et le néant. Essai d'ontologie phénoménologique, Paris, Gallimard, 1943, p. 665.

22 *Idem.*

23 *Ibid.*, p. 666.

24 *Idem.*

25 *Ibid.*, p. 669.

26 *Ibid.*, p. 675.

puis jouir de leur possession »[27]. Le lien est alors établi entre les deux conceptions – utilitariste et possessive – de l'appropriation…

En tant que rapport entre le sujet et l'objet, l'appropriation permet au premier de maîtriser le second. L'enjeu est en effet de donner un sens à l'objet en lui attribuant une finalité. Ce sera fait à travers le lien de création, dans le « faire » ; mais en l'absence de ce lien, le sujet qui se voit imposer l'objet créé par un autre sujet aura tout autant intérêt à se l'approprier, à sa façon. Le sujet recharge alors l'environnement qu'il s'approprie en signes et valeurs culturelles qui en sont exclues à la base[28]. L'appropriation signifie donc surtout que le sujet et l'objet se sont *identifiés* l'un à l'autre, que le sujet s'est retrouvé dans l'objet, au point que ce dernier fasse désormais partie de son « identité ». L'appropriation est ainsi un phénomène *infini*, qui sera le fait d'autant d'acteurs qu'il y aura d'utilisateurs de l'objet.

Le rapport du sujet à l'objet s'établira selon des modalités diverses, qui dépendront du contexte dans lequel se déroule la relation. Dans le milieu professionnel et notamment industriel, Gustave-Nicolas Fischer a ainsi mis en lumière à travers le concept de *nidification*[29] la façon dont les ouvriers tentent de s'approprier leur cadre de travail, conçu par d'autres selon des logiques qui leur échappent : l'appropriation, écrit-il, « souligne que le fonctionnement social du travail ne prend un sens que si l'on réaffecte aux comportements la dimension d'une réelle *maîtrise à travers laquelle chacun peut expérimenter la gestion de soi-même dans des lieux qui sont apparemment déjà gérés entièrement pour lui* »[30]. L'organisation taylorienne de l'entreprise ne tient en effet pas spécialement compte du bien-être des personnes employées ; mais ces dernières ont à leur tour développé des stratégies leur permettant d'établir une familiarité avec cet espace professionnel, car « c'est de la familiarité avec un espace que naît l'appropriation. Cette familiarité est un apprentissage progressif de la spécificité d'un lieu, de ses aspects quotidiens »[31]. La *nidification* est

---

27 *Ibid.*, p. 681.

28 Gustave-Nicolas Fischer, *Psychologie des espaces de travail*, Armand Colin, 1989, pp. 47–49.

29 G.-N. Fischer, *Espace industriel et liberté*, Paris, P.U.F., 1980, pp. 175 et s. Voir aussi *Psychologie des espaces de travail*, Armand Colin, 1989, et *Psychosociologie de l'espace*, P.U.F., Que Sais-Je, 1981.

30 G.-N. Fischer, *Psychologie des espaces de travail*, *op. cit.* p. 142. C'est nous qui soulignons.

31 G.-N. Fischer, *Psychosociologie de l'espace*, *op. cit.*, p. 89

donc une série d'artifices par lesquels l'individu tend à faire d'un espace qui lui est imposé un « chez-soi », traduisant ainsi « l'attachement à sa place »[32] ; elle est « un processus d'aménagement spatial qui donne lieu à des "formes d'installation" multiples destinées à créer un "chez soi" »[33]. Elle peut se concrétiser selon trois modalités possibles[34] :

- la première est l'installation ou la *construction d'un espace personnel*, c'est-à-dire la projection du sujet dans l'objet de l'appropriation ; il s'agit de l'injection de significations privées dans un espace impersonnel.
- la deuxième est la *familiarisation*, c'est-à-dire une connaissance complète de l'objet, dans sa totalité, qui fait que l'espace n'est plus seulement propriété, mais partie ou prolongement de soi. On retrouve ainsi le *connaître* de Sartre.
- la troisième enfin est le *marquage* ; il s'agit de l'emprise exercée sur l'espace, à travers un certain nombre d'objets « qui sont en quelque sorte identifiés au Moi », et dont le déplacement reviendrait « à toucher le corps de celui à qui ils appartiennent ».

Partant de cette conception de Sartre et de Fischer, des spécialistes de sciences de gestion ont projeté la mécanique d'appropriation dans l'analyse des comportements de consommation. Certains ont retrouvé les modalités sartriennes d'appropriation et en ont identifié une quatrième ; Russel Belk complète ainsi le tableau en ajoutant au triptyque connaissance/contrôle/création un quatrième élément, la *contamination*, c'est-à-dire l'incorporation involontaire d'un autre dans l'extension de notre *moi*[35]. D'autres auteurs ont en revanche reformulé la théorie de Fischer, en distinguant trois opérations successives (et non

32 G.N. Fischer, *Psychologie des espaces de travail*, Armand Colin, 1989, p. 129.

33 G.-N. Fischer, *Psychosociologie de l'espace*, *op. cit.*, p. 90.

34 *Ibid.*, pp. 90–94.

35 Russel W. Belk, "Possessions and extended self", in *Journal of consumer research*, vol. 15, September 1988, pp. 139–170, spec. pp. 150–152. Cette démarche est également présentée, dans une tentative de systématisation, par O. Brunel et D. Roux, « L'appropriation des produits par le consommateur : proposition d'une grille d'analyse », in A. Grimand (dir.), *L'appropriation des outils de gestion. Vers de nouvelles perspectives théoriques ?*, Publication de l'Université de Saint-Étienne, Collection Gestion, 2006, pp. 83–104.

plus alternatives comme chez le psychologue) dans l'appropriation[36] : à la nidification, se rajoutent successivement l'*exploration* et le *marquage*. L'exploration se fait par le sujet « à partir de son nid » et consistera à « développer ses points d'ancrage et de contrôle », étendant ainsi son territoire[37]. Quant au marquage, s'il a la même signification que chez Fischer, il est dissocié de la nidification et résulte de l'exploration, tout en menant potentiellement à une nouvelle nidification. Carù et Cova font ainsi « l'hypothèse d'un cycle d'appropriation [...] qui se reproduit tout au long d'une expérience singulière »[38].

L'intérêt de ces disciplines scientifiques pour l'appropriation montre que, loin d'exprimer une simple volonté d'adaptation, elle est en revanche un processus complexe. De ces différentes approches, on peut relever une constante ; l'appropriation, par quelque bout qu'on la prenne, nécessite :

- que le sujet imprime sa marque sur l'objet, qu'il en fasse une part de lui-même. Peu importe en fin de compte que cela se fasse par la création, la contamination, le marquage ou la nidification. Il s'agira de *faire sien* l'objet. C'est une appropriation conceptuelle, qui est mieux traduite nous semble-t-il par le concept de *marquage* de Fischer, puisque les sujets vont *injecter des significations personnelles* dans l'objet, afin qu'il traduise leurs besoins et leurs attentes.
- que, fort de cette *ingestion*, le sujet utilisera l'objet selon la finalité qu'il lui aura assignée, parce qu'il aura un besoin vital de l'objet sans lequel il envisagera désormais difficilement son action. Il contrôlera *son* objet. L'appropriation est ici participative et opérationnelle, instrumentale, car le sujet envisage la transformation de son environnement par l'objet qu'il manipulera.

Appliquée à l'étude de l'intégration régionale, l'appropriation conduit à rechercher les éléments qui permettront aux *sujets*, c'est-à-dire les acteurs et bénéficiaires du processus d'intégration, de faire de ce dernier (*l'objet*) une extension d'eux-mêmes, afin de faire produire aux engagements conventionnels tous leurs effets, et que les objectifs soient convertis en réalité sociale. En somme, l'appropriation de l'intégration

---

36 Antonella Carù et Bernard Cova, « Approche empirique de l'immersion dans l'expérience de consommation : les opérations d'appropriation », in *Recherche et Applications en Marketing*, vol. 18, n° 2/2003, pp. 47–65, spéc. pp. 49–50.

37 *Ibid.*, p. 50.

38 *Idem.*

favorise son effectivité, en réduisant le décalage évoqué plus haut entre les engagements inscrits dans les traités et la réalité sociale. Elle n'assure pas nécessairement la réussite des actions menées par rapport à l'objectif visé par les textes, mais permet plutôt de faire tendre « l'écart entre normes et pratiques, ou, si l'on préfère, entre le droit et "le fait" »[39] vers zéro. La préoccupation est à la fois simpliste dans sa perception, et complexe dans sa réalisation. Elle se résume en effet à la question de savoir comment faire produire aux traités d'intégration signés par les États leur effet concret, comment faire pour que la pratique des agents économiques à l'intérieur des États soit régie par les dispositions des traités d'intégration et les actes des institutions qu'ils créent. Or, comme le notent Jeammeaud et Serverin,

> la préoccupation pour l'effectivité [...] suggère aussi l'interprétation des manifestations d'ineffectivité comme autant de « dysfonctionnements » de la régulation sociale incombant au droit, de résistance à ses prétentions, donc comme des causes d'inefficacité de sa présence ou de son intervention. Dans la même optique, l'attention se porte, en amont des manifestations d'effectivité ou d'ineffectivité, sur des phénomènes dont on pense qu'ils peuvent les déterminer ou les expliquer : formes de réception du droit (conditions de connaissance du droit, résistances culturelles à la réception), pratiques et moyens des appareils investis d'un rôle dans l'application des règles, en particulier dans leur « réalisation » autoritaire ou la « sanction » de leur « inobservation »[40].

Cette tâche est ardue, mais elle nous semble nécessaire. S'il est fondamental de ne pas attendre de la seule application de la règle juridique la réalisation de tout le projet d'intégration, il reste nécessaire qu'on ait (eu) la possibilité d'éprouver son insuffisance. Cela nécessite... de l'effectivité. Car si on admet volontiers que les règles juridiques « ne procurent [...] pas le résultat découlant de leur application *si les acteurs ne jugent pas opportun de les mettre en mouvement ou s'entendent – très régulièrement "en droit" dans bien des cas – pour ne pas le faire* »[41], c'est à condition que ces acteurs soient en situation réelle de faire ce choix.

39 Il convient en effet de distinguer ces deux notions « souvent employées l'une pour l'autre (...). Une investigation sur cette effectivité ne peut guère que consister à mesurer l'écart entre normes et pratiques, ou, si l'on préfère, entre le droit et le fait » (A. Jeammeaud et E. Serverin, « Évaluer le droit », *Recueil Dalloz*, 1992, pp. 263, spéc. § 8).

40 A. Jeammeaud et E. Serverin, *ibid.*, § 9.

41 *Ibid.*, § 11. L'emphase est nôtre.

Or dans le cadre de l'intégration économique régionale, la particularité réside dans le fait que la réticence, voire l'opposition à l'application de la règle, peut être le fait des seuls États ou des gouvernants, qui empêchent alors *de facto* toute possibilité de *choix* aux autres acteurs, notamment ceux qui sont destinataires *in fine* du projet d'intégration, à savoir les agents économiques. Permettre une appropriation plus large conduira, dans une certaine mesure, à briser cette confiscation de la liberté de choix. C'est donc d'abord une appropriation *opérationnelle* qu'il faudrait établir ; en impliquant les acteurs non institutionnels dans la conduite du processus d'intégration, on renforce un *contrôle*[42] de celui-ci, aboutissant à une intégration *par soi* (première partie). Mais l'appropriation ne serait que partielle si on ne s'intéressait pas à sa dimension *conceptuelle.* C'est par un *marquage* plus fort qu'elle contribuerait à renforcer l'effectivité de l'intégration ; en s'en appropriant les ressorts théoriques, les acteurs mettraient en œuvre une intégration *pour soi* (seconde partie).

42 Au sens où Sartre l'entendait, c'est-à-dire la nécessité d'*utiliser* l'objet pour en justifier la jouissance, pour donner un sens à la propriété (voir *supra* note 28).

Partie 1 –

L'appropriation opérationnelle : éléments juridiques pour une intégration « *par soi* »

En tant que processus international, l'intégration régionale est enclenchée selon les mécanismes et principes du droit international public. Les États signent un accord international entre eux, dans lequel ils en posent les objectifs, bases et principes. De ce fait, les gouvernements maîtrisent le processus d'intégration et, sur le plan de l'opportunité de l'application des règles qu'ils auront ainsi définies, ils en seront les juges. Cette donnée inévitable (chapitre 1) est cependant de nature à affecter l'effectivité des traités, dès lors qu'elle n'est pas associée à la participation d'autres acteurs non institutionnels dont la légitimité d'intervention dans la conduite du processus est justifiable. La *nidification* de ce processus par ces autres acteurs est donc nécessaire pour asseoir l'appropriation opérationnelle de l'intégration et renforcer les fondements d'une effectivité des traités d'intégration (chapitre 2)

Chapitre 1.

La maîtrise gouvernementale et l'effectivité du droit de l'intégration

La maîtrise par le Gouvernement de l'intégration régionale est juridiquement incontournable. C'est à travers l'État que se décide et se met en œuvre le processus. Mais, pour autant, elle n'est pas infaillible, ce qui conduit à l'entourer d'un certain nombre de précautions.

Section 1. La maîtrise gouvernementale est incontournable

L'intervention des gouvernements dans la mise en place du processus international d'intégration se justifie par le fait que, juridiquement, les États constituent la seule instance organisée pour mener la politique et les engagements internationaux du pays, ce qui rend cette intervention nécessaire.

Paragraphe 1. Elle est organisée

L'exercice de la souveraineté internationale nécessite des organes et une effectivité que seul l'État est à même de procurer. Cette tâche incombe au Gouvernement, au sens du droit international. « L'État a besoin d'organes pour le représenter et exprimer sa volonté », et seules « les institutions nationales qui peuvent engager internationalement l'État » sont concernées[43]. Sans elles, on ne peut pas parler d'État. Quant à l'effectivité, elle renvoie à « la capacité *réelle* d'exercer toutes

43 P. Daillier, M. Forteau, A. Pellet, *Droit international public*, Paris, LGDJ, 8e édition, 2009, p. 458.

les fonctions étatiques, y compris [...] l'exécution des engagements extérieurs »[44]. La souveraineté ne se manifeste donc dans le cadre des rapports internationaux qu'à travers les organes de l'État. Et il les utilise à sa guise ; c'est lui par exemple qui, dans le cadre de l'organisation d'intégration, aménage avec les autres États membres sa participation au sein des organes de cette dernière. L'étude de Dusan Sidjanski sur les institutions nationales et l'intégration régionale[45] a montré la diversité des situations. Si, au sein de l'Union européenne, le Conseil des ministres est multiforme, il ne l'est pas dans la plupart des communautés économiques africaines. Dans ces dernières, seuls certains ministres sont habilités à y siéger ou, dans certains cas, à y engager l'État.

Ainsi, en Afrique centrale, le Comité de direction de l'UDEAC était composé du « ministre des Finances » et du « ministre chargé des problèmes de développement économique ». Il était toutefois précisé que « le Comité de Direction peut associer d'autres Ministres compétents à ses travaux »[46]. La situation n'a pas beaucoup changé lors de la transformation de l'UDEAC en CEMAC. Au sein de l'Union économique, les États sont représentés au sein du conseil des ministres par « les Ministres en charge des finances, de l'intégration et des affaires économiques », étant précisé que « chaque délégation nationale ne peut comporter plus de trois Ministres et ne dispose que d'une voix »[47]. Lorsque, par dérogation, le conseil réunit « en formation *ad hoc* les Ministres compétents », « les délibérations adoptées deviennent définitives après que le Conseil en a constaté la compatibilité avec la politique économique et financière de l'Union Économique »[48]. En d'autres termes, la formation ad hoc n'est considérée juridiquement que comme une instance préparatoire. La place de ministres spécifiques est encore plus marquée au sein du comité ministériel de l'Union monétaire, où « chaque État membre est représenté [...] par deux Ministres, dont le Ministre chargé des finances, et ne dispose que d'*une voix exprimée par ce dernier* »[49].

---

44 *Ibid.*, p. 459.

45 D. Sidjanski, Processus de décision nationaux en relation avec l'intégration régionale. Étude comparative, Genève, CNUCED, 1976 (UNCTAD/TE/87, 46 p.)

46 Article 10 du traité de l'UDEAC.

47 Article 18 du traité de la CEMAC.

48 Article 19 du traité de la CEMAC. Cela n'est d'ailleurs possible que « pour les questions ne portant pas principalement sur la politique économique et financière ».

49 Article 22 du traité de la CEMAC.

Cette formule et ce système sont ceux qu'on retrouve aussi en Afrique de l'Ouest au sein de l'UEMOA[50], où la prépondérance des ministres « en charge de l'économie, des finances et du plan » est affirmée. En revanche, la place des ministres des Affaires étrangères y est reconnue « pour les questions politiques et de souveraineté »[51]. La situation est légèrement différente au sein de la CEDEAO. En effet, si « le conseil est formé par le ministre en charge des affaires de la CEDEAO et de tout autre ministre de chacun des États membres », c'est le premier qui en assure la présidence au nom de son État[52].

Le traité de la CEDEAO rappelle à cet égard celui de l'EAC. Le conseil des ministres y est en effet composé des ministres en charge des affaires de l'EAC, des ministres de la Justice, et de tous autres ministres désignés par chaque État membre, mais la présidence en est assurée par le premier[53].

L'intégration régionale est ainsi considérée, dans la plupart des communautés économiques africaines, comme une question « technique » et économique, relevant de la compétence de ministres chargés de « l'économie » ou de « la planification »[54].

Les autorités nationales ont donc, seules, le pouvoir d'exprimer la position de l'État, par légitimité et par nécessité opérationnelle. L'unicité d'une position nationale est indispensable pour sécuriser les rapports avec les autres acteurs internationaux. Et l'intégration régionale est par définition un processus international, donc interétatique, ce qui rend la maîtrise gouvernementale nécessaire.

Paragraphe 2. Elle est nécessaire

Cette nécessité découle d'abord de ce que le processus d'intégration procède d'un traité international. En outre, il est conduit par une organisation internationale à laquelle l'État participe.

---

50 Article 10 du traité de l'UMOA, auquel renvoie l'article 21 du traité de l'UEMOA.

51 Article 23 al.2 du traité de l'UEMOA.

52 Article 11 § 1 et 2.

53 Articles 13 et 15 § 2 du traité de l'EAC.

54 Notons que la SADC et le COMESA font exception. Le conseil de la première est composé d'un ministre par État, « de préférence un ministre chargé des affaires étrangères ou extérieures » (article 11 du traité). Quant au conseil du COMESA, il est composé des ministres désignés par les États membres (article 9 § 1).

A. L'intégration procède d'un traité international

L'intégration régionale est un processus dont la mise en œuvre est décidée par les États à travers un traité international. Le traité instituant l'organisation d'intégration et ouvrant le processus d'intégration est négocié, signé et ratifié par les organes de l'État. L'intégration régionale est ainsi un double engagement de l'État.

Il s'agit d'abord d'un engagement vis-à-vis des autres États membres. Le traité international est, selon la définition habituellement retenue par la doctrine, un accord « entre deux ou plusieurs sujets de droit international destiné à produire des effets de droit »[55]. C'est donc l'engagement de chaque État signataire à accepter des contraintes vis-à-vis des autres, à se conduire vis-à-vis d'eux conformément aux dispositions du texte signé conjointement. Chacun des États peut ainsi exiger des autres un comportement précis, ou est en droit d'obtenir d'eux qu'ils s'abstiennent d'un certain comportement.

Mais l'engagement international de l'État peut aussi être un engagement vis-à-vis des acteurs infra-étatiques. C'est le cas lorsque le traité comporte des éléments destinés être appliqués dans l'ordre juridique interne, comme en matière d'intégration économique régionale. Le renoncement aux droits de douane dans les échanges intracommunautaires par exemple signifie certes que chacun des États s'engage à admettre sur son territoire les produits en provenance des autres. Il signifie aussi, simultanément, que l'État s'engage à ne pas prélever des droits sur les marchandises exportées ou importées par un opérateur économique, qui est donc en droit d'attendre des États une abstention quant à la taxation des produits échangés. De même, l'instauration de la libre circulation des personnes implique le droit pour celles-ci de se déplacer d'un État à un autre sans entrave, afin d'exercer les droits prévus par les textes communautaires.

Les États mettent donc en place le processus d'intégration par un traité international, et ils en confient la conduite à une organisation internationale créée également par le traité.

55 P. Daillier, M. Forteau et A. Pellet, *op. cit.* p. 132. C'est aussi la définition donnée par la convention de Vienne de 1969 sur le droit des traités.

B. L'intégration est conduite par une organisation internationale

Le traité d'intégration économique régionale a une double dimension normative et institutionnelle (ou organique). Il pose les règles relatives au processus d'intégration et, en général, il crée une organisation internationale chargée de le conduire. L'organisation internationale est une association d'États, quels que soient ses développements ultérieurs[56]. Ces derniers vont donc y être représentés par des instances du Gouvernement.

L'État, au sein de l'organisation, va tout d'abord exprimer et défendre ses intérêts et ses positions. Il va aussi y exercer le pouvoir de décision, à la fois organique – il participera aux désignations des personnes chargées de diriger l'organisation – et normatif. Il pourra aussi déléguer certaines de ces responsabilités aux personnes qu'il aura désignées.

Il n'est donc pas envisageable de considérer un processus d'intégration économique en dehors du monopole de l'État dans la conduite du processus. Mais une telle maîtrise, pour incontournable qu'elle soit, nécessite comme nous le montrerons au chapitre suivant, l'intervention opportune de tous les acteurs concernés à différents titres par l'intégration, parce qu'elle n'est pas pour autant infaillible.

Section 2. Elle est cependant faillible

La maîtrise par l'État du processus d'intégration est sujette à des discordances néfastes au développement du processus d'intégration, ce qui rend nécessaire la sauvegarde des obligations conventionnellement consenties.

Paragraphe 1. Une maîtrise étatique sous pressions discordantes

Les discordances peuvent être stratégiques, c'est-à-dire voulues par les acteurs institutionnels eux-mêmes. Elles peuvent aussi être subies, découlant alors de la structuration informelle des économies concernées.

---

56 Voir en ce sens Denys Simon et Anne Rigaux, « Les Communautés et l'Union européenne comme organisations internationales », in Évelyne Lagrange et Jean-Marc Sorel (dir.), *Droit des organisations internationales*, Paris, LGDJ, 2013, pp. 114 et s.

A. *Discordances* stratégiques

Les discordances stratégiques sont celles qu'on peut observer entre les intérêts d'État et ceux des dirigeants d'État. L'engagement des acteurs institutionnels étatiques est piloté par leurs intérêts qui ne coïncident pas nécessairement avec ceux du traité.

Sous l'angle de l'analyse contractuelle de l'institution, il a été relevé que la convergence des acteurs sur des éléments fondamentaux tels que les règles à observer ou les attentes mutuelles éloigne de l'inertie[57]. Ce constat est observable dans le cadre des organisations africaines d'intégration, à la seule différence que le cadre de convergence des acteurs n'est pas toujours celui qui est défini par les objectifs des traités. La finalité conventionnelle est parfois soumise à la finalité des acteurs. Les activités des responsables politiques étatiques engagés dans des processus d'intégration peuvent parfois être davantage tournées vers une dimension plus « discursive et symbolique » qu'effective, l'essentiel résidant dans l'apparence de dynamisme international destiné à redorer un blason parfois bien terni[58]. Cela se traduit par exemple par le fait que l'adoption d'actes importants pour le fonctionnement des institutions régionales ou la réalisation des objectifs des traités sont adoptés avec de considérables retards. Ainsi, concernant les juridictions régionales, le Tribunal de la SADC, institué par le traité de la Communauté de 1992, n'a été organisé par un Protocole additionnel qu'en 2000, et n'est entré en fonction qu'en 2005 ; la Cour de Justice de la CEMAC, instituée par le traité de la Communauté du 6 mars 1994, n'a vu ses juges désignés que par un Acte additionnel de la Conférence des Chefs d'État du 10

---

57 Selon G. Marks, T. Lenz, B. Ceka, B. Burgoon, "an institution which is composed of actors who share norms of appropriate behavior and who come to have mutually convergent expectations about the behavior of others is actually less likely to be characterized by institutional fixity" (G. Marks and al., "*Discovering cooperation: a contractual approach to institutional change in regional international organizations*", European University Institute Working Papers, Robert Schuman Center for advanced Studies, Global Governance Programme-113, RSCAS 2014/65, p. 1).

58 Selon l'analyse de Fredrik Söderbaum, « regionalism is thus used as a discursive and image-boosting exercise: leaders demonstrate support and loyalty towards one another in order to raise the status, image and formal sovereignty of their often-authoritarian regimes, both domestically and internationally » (F. Söderbaum, "*What's wrong with regional integration? The problem of eurocentrism*", European University Institute Working Papers, Robert Schuman Center for advanced Studies, Global Governance Programme-113, RSCAS 2013/64, p. 9).

février 2000[59] ; et la Cour de justice de la CEEAC n'a jamais été créée, bien que prévue par le traité de Libreville de 1983... ! De même, à propos des parlements régionaux, ceux de la CEDEAO, de l'UEMOA et de la CEMAC fonctionnent toujours sur le régime transitoire de la désignation de leurs membres par les représentations nationales, dans l'attente des textes organisant la désignation au suffrage universel. Celui de la CEEAC n'existe toujours pas...

Outre ce désintérêt, on peut noter par ailleurs que, dans certaines régions, se développe un *régionalisme fantôme* qui, à la faveur de relations « patron-client » fortes dans les États, ne servirait aux acteurs institutionnels qu'à « ériger un mode complexe de régionalisme, caractérisé par l'informalité et la recherche d'un gain personnel »[60], ce que, avec des nuances, Daniel Bach englobe dans le régionalisme trans-étatique[61].

L'État n'est donc pas, a fortiori, à même de remédier à cette divergence, puisqu'elle est entretenue par celles et ceux qui agissent pour son compte. Le décalage est volontaire : il produit des avantages au plan national, et est destiné à assurer une vitrine de légitimité et d'efficacité aux gouvernants au plan international. Et il ne peut y être mis fin que *via* des contre-pouvoirs internes – qui manquent souvent. À ces discordances stratégiques s'ajoutent des discordances subies, structurelles.

B. *Discordances* « subies » : *Informalité et* déterritorialisation

Le secteur informel

représenterait près de 55 % du produit intérieur brut (PIB) cumulé de l'Afrique subsaharienne, selon la Banque africaine de développement. De manière plus détaillée, l'Agence française de développement a relevé en 2006, après enquête sur le terrain, que 90 % des personnes actives exercent dans l'informel au

59 On peut rajouter que le mandat de plusieurs des 7 membres de la Cour de Justice de la CEMAC a expiré en 2012. Si un acte additionnel de la Conférence des chefs d'État a été adopté le 11 mai 2012, « *autorisant les membres de la Cour en fin de mandat à rester en fonction jusqu'à l'installation de leurs remplaçants* », de nouveaux juges n'ont été désignés qu'en... février 2017 ; l'intérim aura duré quasiment la durée d'un mandat (qui est de 6 ans) !

60 F. Söderbaum, "What's wrong with regional integration? The problem of eurocentrism", *op. cit.*

61 Daniel C. Bach, "Revisiting a paradigm" in Ph. De Lombaerde et F. Söderbaum (eds.), *Regionalism*, vol. III, London, SAGE, 2013, pp. 475–490. Voir ci-après.

Cameroun et au Sénégal, contre 80 % en Afrique du Sud, 50 % en Éthiopie et moins de 40 % au Maroc[62].

Dans un tel contexte, mettre en œuvre un processus d'intégration économique régional formel relève du défi, dès lors que des pans importants de la vie économique échappent à l'État.

Les acteurs de l'économie informelle mettent en œuvre une régionalisation dite « trans-étatique » résultant de micro-stratégies qui érodent la légitimité territoriale et gouvernementale des États concernés ; il s'agit « d'interactions transfrontalières qui ont leurs propres caractéristiques, bien qu'elles combinent des éléments de la régionalisation interétatique et transnationale. Le régionalisme trans-étatique ne peut être associé à un processus institutionnalisé, bien qu'il dépende totalement des politiques d'État et doivent leur prospérité à l'implication d'agents de l'État »[63]. La relation ambiguë entre les acteurs informels et les structures étatiques se manifeste entre autres par le fait que les premiers instrumentalisent les secondes en suivant leurs propres logique et intérêts ; ainsi, « *à titre d'exemple, les espaces frontaliers entre le Cameroun et le Nigeria notamment dans la partie septentrionale sont caractérisés par l'usage indistinct dans l'un et l'autre État soit du Franc CFA (monnaie camerounaise) soit du naira (monnaie nigériane) »*[64]*. Cette régionalisation trans-étatique « reconfigure (ainsi) les relations internationales africaines au point où [...] les acteurs privés, par des voies informelles, clandestines ou parallèles, réussissent là où les États ont échoué »*[65]*. Luc Sindjoun, à la suite de Daniel Bach, évoque ainsi une « déterritorialisation des relations internationales africaines et* l'apparition des acteurs autres que l'État *dont la présence relève plus de l'oligopole que du monopole »*[66].

---

62 Sabine Cessou, « Le poids du secteur informel », in *Manière de voir. Le Monde Diplomatique*, n° 143, oct.–nov. 2015, p. 54. Voir aussi B.I.T., *Femmes et hommes dans l'économie informelle : un panorama statistique* (O.I.T, Genève, 3e édition, 2019)

63 Daniel C. Bach, "Revisiting a paradigm", *op. cit.* p. 483: "the concept refers to process of cross-border interaction which have their own distinctive features, although they combine element of inter-state and transnational regionalisation. Trans-state regionalism cannot be associated with an institutionalised process, although it is totally dependent on state policies and owes its prosperity to the involvement of state agents".

64 L. Sindjoun, *Relations internationales africaines*, Paris, Karthala, 2002, p. 115.

65 *Idem.*

66 *Ibid.*, p. 116.

On observe ainsi une coexistence entre le processus d'intégration *officiel* et un processus parallèle, soit en raison d'objectifs officieux développés par des acteurs officiels, soit en raison d'actions informelles menées par des agents non officiels. L'essentiel des échanges se déroule en marge des règles édictées par les institutions officielles, qui ont d'autant plus de mal à saisir cette réalité que leurs propres acteurs, détenteurs du pouvoir réel au sein de l'organisation d'intégration, n'agissent pas forcément dans le sens d'une action efficace de l'institution. Et cette coexistence affecte considérablement le développement du processus institutionnalisé, à travers un éloignement par rapport aux obligations conventionnelles. Il s'agit alors de faire de la place à la *finalité* conventionnelle par l'obligation conventionnelle.

Paragraphe 2. La sauvegarde des obligations conventionnelles

La classification des obligations résultant pour les États du droit international a fait l'objet de débats au sein de la Commission du droit international et en dehors. Il est habituellement distingué deux types d'obligations, des obligations dites de comportement ou de moyen et des obligations dites de résultat. La CDI a considéré dans un premier temps que l'obligation de comportement est « une obligation résultant d'une norme coutumière ou conventionnelle qui précise que sa mise en œuvre exige du destinataire [...] l'emploi de moyens spécifiquement déterminés, c'est-à-dire suppose des actions ou omissions de la part d'une autorité étatique ou d'une organisation internationale », tandis qu'une obligation de résultat exige de l'État un « résultat requis de lui par cette obligation »[67]. Certains en doctrine précisent par ailleurs que la distinction de ces deux catégories ne dépend ni du degré de précision de l'obligation, ni du degré de précision de la norme juridique : Patrick Daillier et ses coauteurs notent en effet qu'« il est des obligations de résultat floues ou ambiguës, comme il est des obligations de comportement très précises (par exemple dans les conventions d'unification du droit privé) »[68]. Pour eux, c'est l'existence ou non d'une *permissivité* reconnue

---

67 Commission du droit international, *Projet d'articles sur la responsabilité des États*, Annuaire 1977, vol. II, 2ᵉ partie, pp. 13–31.

68 Patrick Daillier, Mathias Forteau, Alain Pellet, *Droit international public*, LGDJ, 8ᵉ édition, pp. 859–860.

au destinataire de la norme dans le choix des moyens qui détermine la nature de l'obligation : en l'absence d'une telle permissivité, l'obligation est de comportement. En droit international, l'obligation de moyen apparaît donc plus contraignante qu'elle ne l'est en droit interne. Jean Combacau et Serge Sur rappellent que « les auteurs français appellent obligations de moyens celles qui exigent du sujet qu'il prenne les mesures desquelles, dans la limite des probabilités raisonnables, on peut attendre un certain résultat ; et obligations de résultat celles qui, sous réserve des impossibilités matérielles, l'astreignent à l'atteindre en tout état de cause »[69]. Or, la proposition initiale de la CDI considérait au contraire l'obligation de « comportement spécifiquement déterminé », qui astreint l'État à se comporter d'une manière précise, et l'obligation d'assurer un résultat déterminé, qui laisse le choix quant aux voies et moyens pour atteindre le résultat souscrit.

Pour la Cour internationale de justice, statuant sur l'obligation pour les États de prévenir le crime de génocide,

> *il est clair que l'obligation dont il s'agit est une obligation de comportement et non de résultat, en ce sens que l'on ne saurait imposer à un État quelconque l'obligation de parvenir à empêcher, quelles que soient les circonstances, la commission d'un génocide : l'obligation qui s'impose aux États parties est plutôt celle de mettre en œuvre tous les moyens qui sont raisonnablement à leur disposition en vue d'empêcher, dans la mesure du possible, le génocide. La responsabilité d'un État ne saurait être engagée pour la seule raison que le résultat recherché n'a pas été atteint ; elle l'est, en revanche, si l'État a manqué manifestement de mettre en œuvre les mesures de prévention du génocide qui étaient à sa portée, et qui auraient pu contribuer à l'empêcher*[70].

Il peut être difficile de déterminer la nature de l'obligation conventionnelle des États membres d'une organisation d'intégration économique régionale. L'intégration étant un processus dont le terme n'est défini en général que sur une durée indéterminée, on pencherait pour l'obligation de comportement. Il arrive cependant que des engagements précis soient définis. Les traités peuvent dans certains cas définir des

---

69 Jean Combacau et Serge Sur, *Droit international public*, Paris, Monchrestien, 8e édition, 2008, p. 550.

70 CIJ, arrêt du 26 février 2007, Application de la Convention pour la prévention et la répression du crime de génocide (Bosnie-Herzégovine c. Serbie-et-Monténégro), paragraphe 430.

échéances temporelles dans leur mise en œuvre[71]. Le traité révisé de la CEDEAO dispose ainsi dans son article 54 que « les États membres s'engagent à réaliser une Union Économique *dans un délai maximum de quinze (15) ans à partir* du démarrage du schéma de libéralisation des échanges adopté par la Conférence aux termes de sa Décision A/DEC.1/5/83 du 30 mai 1983 et dont le lancement est intervenu le 1er janvier 1990 ». De même, l'article 88 du Traité de l'UEMOA dispose qu'« un an après l'entrée en vigueur du présent Traité », les atteintes à la libre concurrence (pratiques concertées, aides publiques, accords entre entreprises, abus de position dominante, associations entre entreprises) « sont interdit[e]s de plein droit ». En Afrique centrale, l'article 3 de la convention de la CEMAC relative à l'Union économique précise que « la réalisation des objectifs de l'Union Économique prendra en compte les acquis de la Communauté Économique et Monétaire de l'Afrique centrale (CEMAC) et sera entreprise en deux étapes » successives de trois années chacune, « à compter de l'entrée en vigueur de la présente Convention » (article 4). Il y a donc, de ce point de vue, une obligation de résultat qui pèse sur les États membres et les institutions des organisations régionales concernées.

Mais, qu'il s'agisse d'obligation de moyen ou de résultat, ce qui est important à relever est que le « comportement spécifique » ne vaut que par rapport à un résultat attendu *in fine*. L'État n'aura rempli son obligation internationale que s'il s'est comporté d'une façon qui permette au résultat recherché par la convention d'être atteint. Autrement dit, l'obligation de comportement spécifique comporte en elle une certaine obligation de résultat. Le comportement spécifique n'a de sens qu'en vue d'un résultat plus ou moins précis à atteindre. C'est en ce sens que Jean Combacau relevait que « le pivot de la distinction est désormais le degré de liberté laissé au débiteur de l'obligation dans le choix des procédés par lesquels il peut l'exécuter, et non plus le caractère plus ou moins aléatoire du résultat escompté »[72]. C'est le sens aussi de l'attendu de la Cour internationale de

71 Voir S. Priso-Essawe, « The development and relevance of regional law in West Africa » in A.B. Akoutou, R. Sohn, M. Vogl et D. Yeboah (eds.), *Understanding regional integration in West Africa? A multi-thematic and comparative analysis*, University of Bonn, Center for European integration Studies, WAI-ZEI Papers, 2014, n° 17, pp. 71–103, spec. pp. 88–92.

72 J. Combacau, « Obligation de résultat et obligation de comportement. Quelques questions et pas de réponse », in *Le droit international : unité et diversité. Mélanges offerts à Paul Reuter*, Paris, Pedone, 1981, p. 202.

Justice évoqué ci-dessus, cette dernière considérant que « *l'obligation qui s'impose aux États parties est plutôt celle de mettre en œuvre tous* ***les moyens qui sont raisonnablement à leur disposition en vue d'empêcher****, dans la mesure du possible, le génocide* ». C'est enfin ce que met en lumière le Comité européen des droits sociaux ; dans une décision du 5 décembre 2007[73], tout en reconnaissant que la Charte sociale européenne n'impose pas, en matière de droit au logement, une obligation de résultat aux États, le Comité « rappelle que les droits énoncés par la Charte sociale sont des droits qui doivent revêtir une forme concrète et effective et non pas théorique (CIJ c. Portugal, réclamation n° 1/1998, décision sur le bien-fondé du 9 septembre 1999, § 32) »[74], et qu'à ce titre, « les États parties ont l'obligation, pour que la situation puisse être jugée conforme au Traité [...] de mettre en œuvre des moyens (normatifs, financiers, opérationnels), *propres à permettre de progresser réellement vers la réalisation des objectifs* assignés par la Charte [...] »[75]. Pour le Comité, cela signifie précisément que « pour l'application de la Charte, l'obligation incombant aux États parties est non seulement de prendre des initiatives juridiques mais encore de dégager les ressources et d'organiser les procédures nécessaires en vue de permettre le plein exercice des droits reconnus par la Charte »[76]. L'État soumis à une obligation de moyen doit ainsi prendre toutes les dispositions pour garantir que les mesures qu'il adopte dans le cadre de cette obligation produiront les effets escomptés en pratique, afin de conférer aux droits énoncés par le texte conventionnel leur dimension plutôt concrète que théorique[77].

Qu'il soit abordé par les traités sous la forme d'obligation de comportement ou d'obligation de résultat, le processus d'intégration

73 CEDS, 5 décembre 2007, Réclamation n° 33/2006, *Mouvement international ATD-Quart Monde c. France.*

74 Réclamation n° 33/2006, § 59.

75 *Ibid.*, § 60 (c'est nous qui soulignons). Le Comité indique également comme autres obligations la tenue de « statistiques dignes de ce nom permettant de confronter besoins, moyens et résultats », la « vérification régulière de l'effectivité des stratégies arrêtées », ainsi que « de définir des étapes, et de ne pas reporter indéfiniment le terme des performances qu'ils se sont assignées ».

76 *Ibid.*, § 61

77 Voir J.F. Akandji Kombé, « Les obligations positives et la protection des droits sociaux dans le système européen des droits de l'homme », Réseau Académique sur la Charte sociale européenne (RACSE), Conférence de Turin, 2014, 14 p., spec. pp. 12–13.

impose donc à l'organisation et à ses États membres d'agir d'une façon propre à assurer l'effectivité des objectifs du traité. Il importe donc que le suivi de cette effectivité échappe à la seule compétence des structures étatiques, en raison des implications de cet engagement pour les sujets de l'ordre juridique interne.

Cette nécessité de faire participer d'autres acteurs que l'État au contrôle de la réalisation de cet engagement sera d'autant plus grande que l'intégration aura reçu, en Afrique, une place dans les constitutions nationales. L'affirmation constitutionnelle d'une *idée* d'intégration contraint doublement l'État. S'il conserve la décision de s'engager dans un processus d'intégration par la ratification du traité correspondant, son engagement ne peut se faire qu'aux conditions prévues par la constitution. La traduction de l'*idée d'intégration* en *projet d'intégration* est donc limitée par l'expression de l'*idée* elle-même. Cette décision politique a également pour conséquence de transformer l'« idée » en un « objectif constitutionnel », légitimant de ce fait l'évocation, sous certaines conditions, d'un *droit constitutionnel à l'intégration*[78]. Dans le contexte africain en effet, nombre de constitutions nationales proclament la nécessité de l'intégration économique régionale, en la rattachant à l'objectif politique d'unité africaine, objectif lui-même posé par la Charte de l'organisation continentale, l'Union africaine, depuis son origine sous l'appellation d'Organisation de l'Unité Africaine.

L'autorité étatique restant maître de l'opportunité de négocier ou de ratifier un engagement international, l'affirmation constitutionnelle de la possibilité d'intégration ne saurait donc être interprétée comme l'obligeant à s'engager dans un processus d'intégration régionale. En revanche, la décision politique de s'engager dans un processus d'intégration déterminé donne vie à *l'idée* constitutionnelle, désormais sortie de son enveloppe théorique et conceptuelle, pour rentrer dans le champ des programmes d'action. La ratification d'un traité d'intégration régionale ne fait pas seulement de l'idée constitutionnelle un projet politique, voulu et assumé par l'autorité politique ; elle la transforme en un véritable *objectif constitutionnel*, dont l'opérationnalité juridique n'est plus illusoire, parce qu'un tel projet s'inscrit dans un sillon tracé par la constitution elle-même, et parce que cette dernière lui assigne

---

78 Voir S. Priso-Essawe, « Fondements constitutionnels de l'intégration régionale en Afrique : de l'opérationnalité du concept d'"Unité africaine" », United Nations University, Comparative Regional Integration Studies, Working Paper W-2014/11.

une finalité identifiée – servir l'unité africaine. L'idée constitutionnelle, traduite en action ou programme par la ratification du traité, acquiert donc une valeur normative précise. Elle constitue un cadre d'appréciation de l'action que mènera l'État dans la mise en œuvre du traité[79].

Pour autant, l'*objectif constitutionnel* opère dans certaines conditions. Il interdit de compromettre le processus d'intégration dans lequel l'État est engagé. L'action de l'État qui aurait pour but ou pour effet de compromettre la réalisation du processus d'intégration serait dès lors inconstitutionnelle. On peut alors estimer que l'opérationnalité de l'objectif atteint, sous certaines conditions, le champ de l'administré/justiciable. Cela nécessite trois conditions : l'existence d'un objectif constitutionnel bien défini, l'existence d'un processus d'intégration relevant de la catégorie constitutionnellement prévue, l'énonciation dans le cadre de ce processus d'intégration de droits au profit du particulier demandeur. Un tel droit *à* l'intégration implique, pour les institutions nationales, une obligation de ne pas compromettre, par l'adoption de dispositions nationales incompatibles avec les droits énoncés par l'organisation d'intégration, la réalisation de l'*objectif constitutionnel*, défini par la constitution et mis en œuvre par le traité et ses textes d'application.

Parce que l'intégration n'est donc pas qu'une affaire interétatique, sa mise en œuvre devrait faire l'objet d'une appropriation par l'ensemble des acteurs afin d'assurer une réalisation plus effective des obligations découlant de la ratification du traité. Aussi est-il opportun que les bénéficiaires de l'intégration puissent exercer sur le déroulement du processus d'intégration une veille destinée à assurer le respect des engagements étatiques, mais aussi des actes que pose l'organisation internationale créée pour assurer la mise en œuvre du processus.

---

79 Rappelons que dans certaines constitutions (Burkina Faso, Côte d'Ivoire, Mali), un titre est spécifiquement consacré à la question de l'intégration régionale. Dans les autres, c'est dans les dispositions relatives à la conclusion de traités internationaux qu'est évoqué l'objectif d'intégration et/ou d'unité africaine. Cet objectif est également inséré dans les préambules des traités des organisations africaines d'intégration régionale.

Chapitre 2.

La nécessité d'une *nidification* de l'intégration : l'implication des bénéficiaires

La maîtrise de l'intégration par les acteurs institutionnels conduit donc à un écart sensible entre la pratique institutionnelle et les obligations conventionnelles contenues dans les traités d'intégration. Aussi paraît-il indiqué d'étudier les possibilités de *nidifier* davantage le processus d'intégration, en proposant non seulement des acteurs nouveaux à même de faire contrepoids pour rendre à l'obligation conventionnelle son effectivité, mais aussi les voies par lesquelles cette action peut être rendue possible.

Section 1. Les acteurs de l'appropriation

L'opportunité d'autres acteurs ne se justifie que dans la mesure où ceux-ci seraient capables de peser sur les institutions des systèmes actuels en constituant des contrepouvoirs efficaces. Ces acteurs peuvent être des corps déjà organisés qui seraient insérés dans le jeu institutionnel. Ils doivent être complétés par un corps non organisé dont la légitimité réside dans le fait qu'il est à la fois la source et la finalité du pouvoir : celui des citoyens.

Paragraphe 1. Insérer les acteurs « organisés » dans le jeu institutionnel

Dans le cadre spécifique de l'intégration économique régionale africaine, certains acteurs seraient mieux à même de renforcer l'appropriation du processus sous des formes qu'on s'efforcera d'esquisser.

A. Les organisations concernées

L'évocation d'acteurs *organisés* fait penser inévitablement à la notion de *corps intermédiaires* telle qu'entendue par l'histoire et la science politique.

L'historien Pierre Rosanvallon en a distingué trois types : « premièrement, les corps intermédiaires traditionnels, pré-étatiques, tels que la famille, deuxièmement, les corps intermédiaires de la modernité économique, tels les partis politiques ou les associations de libre activité sociale et, troisièmement, les corps intermédiaires de la complexification de la société, tels que les organisations non gouvernementales ou les autorités de régulation »[80]. Leur légitimité a historiquement été contestée en raison de son incompatibilité avec ce que l'historien nomme la « culture politique de la généralité », caractérisée par « trois principales dimensions : comme forme sociale (la célébration du "grand tout national"), comme qualité politique (la foi dans les vertus de l'immédiateté), et comme procédure (le culte de la loi) »[81].

Par ailleurs, l'apparition des corps intermédiaires a souvent été liée à une volonté de l'État de rationaliser son action, ou encore de contrecarrer l'émergence de pensées nouvelles dans la société[82]. Mais si, à travers les décennies leur existence s'est pérennisée et s'ils ont connu une diversification importante, c'est que, au-delà de toutes les critiques, ils ont permis d'éviter que l'État soit toujours face à lui-même dans la gestion de la société ; on y a vu « ou un levier pour les réformes ou une manière de faire une place pour la "compétence" technique dans le régime », même si la représentativité ou l'expertise de leurs membres a pu être critiquée[83].

C'est donc en tant que source d'un regard différent, intéressé, critique et constructif que le concept est visité ici[84]. Cette préoccupation est déjà présente dans la philosophie du nouveau partenariat entre l'Union

80 Voir Bernard Thomann, « Les corps intermédiaires, facteurs de liberté ou de contrôle social ? Compte-rendu de débat », *Ebisu – Études Japonaises*, n° 32, 2004. pp. 221–226.

81 Pierre Rosanvallon, Histoire moderne et contemporaine du politique, Les corps intermédiaires dans la démocratie, Cours au Collège de France, 2001–2002.

82 Voir Alain Chatriot, « Les corps intermédiaires en République : un problème ou une solution pour l'État ? (France, XIXe–XXe siècles) », *Histoire, économie & société*, 2016/1 (35e année), pp. 36–44.

83 *Ibid.*, p. 43.

84 Le débat de l'inclusion de la société civile a eu lieu dans l'Union européenne, à travers le Livre blanc de la Commission sur la « *Gouvernance démocratique* » paru en 2001. Voir, avec un regard critique, Nathalie Dompnier, « Le débat sur le "déficit démocratique de l'Union européenne". Quand la question du "niveau pertinent

européenne et les États d'Afrique, des Caraïbes et du Pacifique issu par l'accord de Cotonou du 23 juin 2000 entre ces deux parties. Le partenariat est fondé sur une « appropriation des stratégies de développement par les pays et populations concernés », « la participation de toutes les couches de la société, du secteur privé et des organisations de la société civile à la vie politique, économique et sociale »[85] et à ce titre, « le rôle complémentaire et la contribution potentielle des ***acteurs non étatiques*** », qui doivent être « tenus informés et impliqués dans la consultation sur les politiques et stratégies de coopération, et sur les priorités de la coopération, en particulier dans les domaines qui les concernent ou qui les affectent directement »[86].

Il s'agit principalement de corps organisés dont l'activité est impactée par le processus d'intégration, c'est-à-dire une représentation des agents économiques de la région : les organismes consulaires, les organisations patronales, les syndicats professionnels et les organisations de la société civile, particulièrement celles de consommateurs. Pour améliorer le bien-être des populations, l'intégration régionale doit en effet favoriser et densifier les échanges des produits autant que des personnes entre les États membres. Aussi, les politiques et actions mises en place par les institutions régionales doivent-elles instaurer un cadre juridique et économique précis pour les différents agents économiques vecteurs de ces échanges. Il est donc légitime, dans une certaine mesure, que ces agents organisés – sur une base nationale ou régionale[87] – puissent s'assurer de l'adéquation des mesures décidées, et surtout, de leur application effective par les institutions tant régionales que nationales. Cette participation devrait donner lieu à une insertion dans le jeu institutionnel de l'organisation régionale, sous la forme d'une *chambre économique*.

---

d'intégration" croise celle de la légitimité politique », Contribution (notamment la 3e partie) au colloque sur *La question du niveau pertinent d'intégration. Regards croisés sur l'intégration en Europe et en Afrique centrale* (Yaoundé, novembre 2008).

85 Article 2 de l'Accord.

86 Article 4.

87 C'est le cas de l'Afrique centrale, avec entre autre l'Union des Patronats d'Afrique centrale (UNIPACE) ou encore la Plateforme des Acteurs Non Étatiques d'Afrique centrale (PANEAC) – Voir Raymond Ebalé, *Les accords de partenariat économique entre l'Union européenne et les pays ACP. Les cas de l'Afrique centrale et du Cameroun*, Paris, L'Harmattan (Coll. Études africaines, Série Économie), 2016, 414 p., spéc. pp. 259 et s.

B. La forme de l'association : une chambre économique

Pour renforcer l'appropriation de l'intégration régionale, le système institutionnel des organisations africaines devrait faire une place aux forces socio-économiques. Certaines ébauches intéressantes à cet égard ont été faites, mais les ambitions pourraient être plus larges et plus fortes.

Les négociations des accords de partenariat économique (APE) entre l'Union européenne et différentes régions africaines permettent d'observer une de ces ébauches. Plusieurs régions ont étroitement associé, au sein des comités de négociation, des représentants des acteurs économiques. À des degrés divers, les instances nationales de négociation comprenaient en effet des membres du patronat ou des représentants de secteurs économiques clés :

> *Les négociations des APE ont largement été conduites au niveau des officiels gouvernementaux : le secteur privé était invité à participer aux consultations nationales et, à certains égards, à certaines des réunions techniques régionales. Son niveau d'implication est toutefois resté limité, en raison du poids financier de l'autofinancement de sa participation, ainsi que de la nécessité technique d'identifier et désigner des experts pour chacun des points des négociations*[88].

D'autres obstacles ont pu être identifiés : rétention des informations, formalisation inadéquate des structures de dialogue, feed-back insuffisant entre le Gouvernement et la société civile[89], autant d'éléments qui révèlent certes une inorganisation des acteurs, mais aussi (et peut-être surtout) une obstruction des instances officielles à l'efficacité de leur action. Cette participation des acteurs économiques peut donc être améliorée, mais elle a permis néanmoins de conférer aux discussions et, le cas échéant,

---

88 Isabelle Ramdoo, Aurélie Walker, « *Implementing the EPA in the EAC and the CARIFORUM regions. What's in it for the private sector?* », ECPDM Discussion Paper n° 104 (www.ecdpm.org/dp104), Maastricht, Octobre 2010, p. 24. La traduction est nôtre. Pour l'Afrique centrale par exemple, voir le Règlement de la CEMAC n° 02/02-UEAC-085-CM-08 du 3 août 2002 portant création, organisation et fonctionnement du Comité Régional de Coordination des négociations de l'Accord de Partenariat Économique entre la CEMAC, Sao-Tomé et Principe et l'Union Européenne. Voir aussi R. Ebalé, *Les accords de partenariat économique entre l'Union européenne et les pays ACP. Les cas de l'Afrique centrale et du Cameroun*, *op. cit.*

89 Annita Montoute, « Civil society participation in EPA implementation. How to make the EPA Joint CARIFORUM-EC Consultative Committee work effectively? », ECPDM Discussion Paper n° 119 (www.ecdpm.org/dp119), Maastricht, Juin 2011, not. pp. 2–3.

aux accords une adéquation plus forte avec la réalité économique des États concernés[90].

Dans d'autres cas, c'est parfois au circuit décisionnel que les acteurs non institutionnels sont associés. Le règlement de la CEMAC relatif aux pratiques commerciales anticoncurrentielles[91] crée un Conseil régional de la concurrence, organe consultatif chargé de donner des avis à la Commission de la Communauté. La composition de ce Conseil est intéressante car non seulement les membres sont désignés à titre personnel par le Président de la Commission, mais en plus ils ne sont pas des représentants de leur État ; le règlement exige seulement que la composition soit faite « *de telle sorte que chaque pays membre puisse y être représenté* ». Parmi les membres du Conseil figurent notamment un « représentant de la Conférence des Chambres Consulaires de la CEMAC », un « représentant des Associations des Consommateurs », et un « représentant de l'Union des Patronats de l'Afrique centrale ». L'organe similaire de l'UEMOA, le Comité Consultatif de la Concurrence, comprend quant à lui « seize membres désignés par les États membres à raison de deux par État », mais « choisis en fonction de leur compétence en matière de concurrence et [qui] agissent en toute indépendance »[92].

Cette démarche d'association des acteurs non institutionnels pourrait donc utilement être élargie à l'ensemble des domaines de l'intégration, afin de conférer aux actes des Communautés concernées une assise autre que la seule légitimité des seuls Chefs d'État et membres du Gouvernement… L'exemple du Conseil régional de la concurrence de la CEMAC est particulièrement intéressant parce qu'il allie la légitimité *technique* à la représentativité de la Communauté dans son ensemble[93], tout en garantissant une indépendance vis-à-vis des Gouvernements. La présence auprès des instances « politiques » de décision (organes au sommet et Conseils des ministres) d'une telle structure répondrait probablement plus efficacement à la nécessité de contrepoids décisionnel. Cela nécessite cependant de définir les modalités de désignation des membres d'une telle chambre.

---

90 I. Ramdoo et A. Walker, *op. cit.*

91 Règlement 1/99-UEAC-CM-639 du 25 juin 1999, modifié par le Règlement 12/05UEAC-639 du 27 juin 2005.

92 Article 3 du Règlement d'exécution 007/2005/COM/UEMOA du 31 octobre 2005.

93 Et non pas par État membre, comme c'est le cas dans l'UEMOA.

Le type d'organe rassemblant ces caractéristiques dans des organisations internationales en général est le Conseil économique et social. Aucune des Communautés régionales africaines n'en prévoit dans son système institutionnel, en dehors de l'Union Africaine. Le Conseil économique, social et cultuel de cette dernière n'a toutefois qu'un rôle consultatif, et sa composition est particulièrement large ; les « organisations de la société civile » (OSC) qui en sont membres doivent permettre une représentation sociale (âge, genre…), professionnelle (secteurs d'activité, secteurs économiques, syndicats…), étatique (2 OSC par État membre), régionale (OSC agissant au plan régional), continentale (OSC agissant au plan continental) et institutionnelle (OSC désignées par la Commission de l'Union)[94]. Une telle architecture, qui se comprend du fait du caractère très général des compétences de l'Union africaine, serait particulièrement lourde et inadaptée pour des missions décisionnelles dans le cadre d'une organisation d'intégration régionale.

Il serait probablement plus adéquat que la représentation des acteurs économiques soit assurée par des représentants des organisations patronales, syndicales et de consommateurs des États membres, dans les domaines commercial, industriel et agricole. Cette institution constituerait une « *Chambre économique* », contrepouvoir des « *organes politiques* » que sont les Conseils des ministres et Conférences ou Sommet de Chefs d'États. La désignation des membres de la chambre économique pourrait se faire sur une base régionale, c'est-à-dire à travers la constitution au niveau régional d'organisations fédératrices des organisations nationales[95].

Quant à ses attributions, la Chambre économique pourrait être dotée non pas nécessairement d'un pouvoir de décision, mais a minima de la possibilité de rendre des avis conformes sur des décisions relatives à la mise en place et au fonctionnement de l'union douanière ou du marché

94 Commission de l'UA, *Manuel de l'Union africaine*, Addis-Abeba, 2e édition, 2015, pp. 118 et s.

95 C'est le cas des Chambres consulaires régionales de l'UEMOA ou de la CEMAC. Par ailleurs, au sein de la CEMAC par exemple, il existe une Union des Patronats d'Afrique centrale (UNIPACE), représentée au sein du Conseil régional de la Concurrence mentionné plus haut. En Afrique de l'Ouest, la Fédération des Organisations Patronales d'Afrique de l'Ouest (FOPAO) a été créée en février 2006, élargissant l'organisation (francophone) préexistante à l'ensemble des États de la CEDEAO. Des organisations syndicales pourraient aussi être fédérées au niveau régional, et être représentées dans une telle *Chambre*.

intérieur. Elle pourrait tout aussi bien avoir un pouvoir d'initiative législative constituant la base de proposition d'acte par l'exécutif de la Communauté, et exercer un contrôle sur l'exécution des actes pris en application des traités. La Chambre économique constituerait ainsi le principal outil, au plan régional, non seulement pour renforcer l'exécution par les organisations régionales de leurs missions, mais aussi pour contrebalancer l'emprise des organes politiques sur le fonctionnement de ces organisations.

Il est toutefois certain que cette participation ne résout pas tous les problèmes. Elle n'assure notamment pas une représentation « démocratique », celle des peuples. La proposition d'une telle chambre n'est donc pas une disqualification de la représentation parlementaire, démocratique, au profit d'intérêts corporatistes ou catégoriels. Elle résulte simplement du constat que, dans le contexte actuel de l'intégration régionale africaine marqué par une efficacité très relative du parlementarisme régional[96], il paraît indispensable d'associer des acteurs de l'économie formelle à la conduite d'un processus qui les concerne au premier chef…

Il reste que l'existence d'un tel organe nécessite, bien entendu, la révision des traités constitutifs, c'est-à-dire la décision… des Chefs d'État et de Gouvernement. Il est ainsi opportun de diversifier les fondements d'une véritable *nidification* de l'intégration en faisant une place à d'autres acteurs, dont l'apport peut être moins contraint par le jeu institutionnel, à savoir les citoyennes et citoyens des États membres.

Paragraphe 2. Associer les acteurs « non organisés » au processus : la participation citoyenne

Les fondements de l'intervention citoyenne sont peu problématiques. Le peuple est tout d'abord bénéficiaire du processus d'intégration et parfois destinataire des normes édictées par les organes de l'organisation d'intégration. Le préambule du traité de la CEMAC dispose ainsi que les Gouvernements des États membres souhaitent « développer ensemble toutes les ressources humaines et naturelles de leurs États membres et de

---

96 Sur cette question, voir S. Priso-Essawe, « Institutions parlementaires régionales en Afrique. Une approche critique », in Isabelle Bosse-Platière (dir.), *La parlementarisation des processus d'intégration régionale. Approche comparée Europe, Afrique, Amériques*, Presses Universitaires de Rennes, 2020, pp. 157–176.

mettre celles-ci au service du bien-être général de leurs peuples dans tous les domaines ». De même, dans le préambule du traité de l'EAC, les États membres se disent désireux « de renforcer et de promouvoir une plus forte conscience des intérêts partagés de leurs peuples ». « Améliorer le niveau de vie de nos peuples » est aussi l'objectif affirmé par le traité de la CEDEAO, organisation dont le slogan est par ailleurs de passer « d'une communauté des États à une communauté des peuples ». D'un point de vue plus concret, il s'agit par exemple en général d'« *assurer [aux] citoyens* la jouissance du droit d'établissement et de résidence au sein du Marché commun »[97].

Cette opportunité résulte par ailleurs de ce que le peuple est la source du pouvoir exercé en son nom par les gouvernants. Lui conférer la possibilité de participer au processus d'intégration se justifie donc aussi bien au plan national que dans le cadre régional. Dans les deux cas, il ne s'agit pas de proposer une institutionnalisation ; elle existe déjà dans de nombreuses organisations sous la forme d'une représentation parlementaire[98]. Il s'agirait plutôt de permettre aux citoyens de faire entendre leur voix sur des problématiques relatives à l'intégration régionale en ce qu'elle affecte ou devrait affecter leur activité, afin de renforcer l'effectivité des obligations résultant du traité d'intégration.

Il apparaît donc opportun de permettre à ces bénéficiaires de participer à la conduite du processus qui leur est destiné ou, à tout le moins, de veiller à ce que les engagements qui ont été pris à leur égard soient respectés.

Ainsi identifiés, les différents acteurs non étatiques du processus d'intégration pourront intervenir pour renforcer l'appropriation de l'intégration selon des modalités qu'il convient de définir.

Section 2. Les voies de l'appropriation

L'intégration étant déjà instituée, c'est à son développement et à son utilisation que s'adressera la problématique de l'appropriation.

---

97 Article 164 du traité du COMESA.

98 Voir S. Priso-Essawe, « Institutions parlementaires régionales en Afrique. Une approche critique », *op. cit.* Voir aussi, dans le même ouvrage, Alioune Sall, « La place des Parlements dans les processus d'intégration en Afrique de l'Ouest » (pp. 133–156).

Pour étendre ce processus d'intégration du champ des seules relations intergouvernementales à celui de l'activité quotidienne des acteurs concernés, il faudrait que ces derniers puissent le *nidifier*, c'est-à-dire le faire passer du « *subi* » au « *vécu* » voire au « *construit* ». Cette nidification passera alors par le *contrôle*, à travers la volonté de maîtriser le contenu du processus (§ 1), ou celle d'en maîtriser la manipulation (§ 2).

Paragraphe 1. L'appropriation par la participation

C'est par la participation que les acteurs, gouvernementaux et non étatiques, exerceraient un marquage du processus d'intégration, c'est-à-dire une emprise exercée sur ce processus au moyen de sa délimitation. Cette dernière permet, à travers l'initiative, la consultation ou la décision, de définir les éléments du processus d'intégration, tel qu'il est envisagé, souhaité, et mis en place avec les autres États membres.

C'est d'abord en rapport avec le *besoin d'intégration*, surtout de son développement, que va s'exprimer ce marquage. Le processus d'intégration a d'autant plus de chance de se concrétiser qu'il résultera d'un besoin dans lequel se projettent les opérateurs. Son renforcement et sa réorientation devraient correspondre aux attentes des acteurs. La contribution à l'initiative n'est pas l'expression d'une unanimité quelconque, et les contradictions entre les intérêts des différents acteurs ne peuvent être occultées. Toutefois, un processus d'intégration ne peut réellement être approprié que si les bénéficiaires s'en sont saisis dans ses différents développements. L'objet et l'orientation des différentes politiques engagées par les organisations régionales seraient ainsi la cible de l'intérêt de l'ensemble des acteurs, qui y imprimeraient leur marque.

La délimitation de l'*espace d'intégration* bénéficierait elle aussi de l'apport des acteurs y compris non étatiques. L'opportunité de l'élargissement d'une communauté pourrait d'autant mieux se préciser que les acteurs de terrain auront contribué à en apprécier l'étendue. Le périmètre de nombreuses communautés économiques africaines est souvent plus le résultat d'une histoire subie que d'un choix éclairé[99]. Aussi les flux économiques réels sont-ils souvent en dehors des organisations existantes. Les études sur la zone frontalière entre le Cameroun et le Nigéria ont montré qu'il y avait bien plus d'échanges entre ces deux États

99 Voir *infra*, pp. 81 et s.

qu'entre le premier et les États membres des communautés économiques dont il est membre[100]. Les pertes ou gains découlant de la détermination de l'espace communautaire peuvent donc être substantiels. La Commission économique des Nations Unies pour l'Afrique a attiré l'attention des États sur cette question, en relevant que « avant l'instauration d'un mécanisme d'intégration régionale, les pays africains doivent se prononcer sur ce qui suit : quels sont les pays susceptibles d'être admis en qualité de membres ? Les membres doivent-ils adopter des politiques commerciales communes vis-à-vis des non-membres ? »[101]. La participation des acteurs de terrain, notamment les représentants des opérateurs économiques évoqués plus haut, à ce débat serait alors d'un apport conséquent.

La participation peut se faire aussi bien dans l'initiative, la consultation que sur le plan décisionnel. Si les *corps organisés* peuvent intervenir dans le processus décisionnel à condition d'être insérés dans les institutions, les citoyens eux n'auraient la possibilité d'y participer qu'à travers notamment les référendums organisés au sein des États. Cela renforcerait probablement l'appropriation de l'intégration par les populations, mais relève du droit constitutionnel de chacun des États et ne pourrait être organisé à l'échelle régionale. C'est donc davantage à travers le contrôle que l'appropriation citoyenne serait mieux à même d'être effectuée.

Paragraphe 2. L'appropriation par l'utilisation

L'utilisation de l'intégration est l'une des conditions de l'effectivité de celle-ci. Il s'agit d'en tirer parti, de la faire servir à ses fins. C'est la concrétisation du projet, pour rendre possible la réalisation des objectifs visés par le traité d'intégration. C'est par le biais de cette utilisation que lesdits acteurs/bénéficiaires vont exercer leur emprise sur l'intégration, vont faire de celle-ci une « partie d'eux-mêmes ». Ils vont en maîtriser la manipulation et l'usage, selon la terminologie de Sartre, se l'approprier à travers le « *contrôle* ».

100 Voir Luc Sindjoun, Sociologie des relations internationales africaines, *op. cit*, p. 115.

101 Commission économique pour l'Afrique, *État de l'intégration régionale en Afrique*, Addis-Abeba, 2004, vol. 1, p. 24. Les tentatives de rationalisation des communautés économiques africaines partent également de ce constat, autant que celui de la superposition de plusieurs d'entre elles (Commission économique pour l'Afrique, *État de l'intégration régionale en Afrique II. Rationalisation des communautés économiques régionales*, Addis-Abeba, 2006, 169 p.)

L'utilisation suppose alors au préalable une *diffusion* des actions engagées et des normes adoptées, la connaissance de la règle revêtant à cet égard une grande importance. Il est ensuite indispensable qu'elle s'accompagne de la possibilité d'écarter tout ce qui, d'une manière ou d'une autre, pourrait s'y opposer ; la *réclamation* est alors un outil indispensable à une appropriation du processus d'intégration par la communauté des bénéficiaires.

A. Diffuser pour « contrôler »

La diffusion des règles et actes de l'organisation régionale pour l'intégration économique est de la responsabilité des institutions de cette organisation. Les traités en confient la charge en général à l'organe exécutif. Il en est ainsi de la commission de la CEMAC, dont l'article 35 du traité dit qu'elle « œuvre à la promotion de l'intégration » et « veille également à la réalisation des objectifs en matière d'intégration ». La commission de l'UEMOA quant à elle « assure la publication du Bulletin officiel de l'Union », selon l'article 26 du traité. De même, le Secrétariat de l'EAC est chargé de « la promotion générale et la diffusion de l'information sur la Communauté en direction des parties prenantes, du public en général et de la communauté internationale »[102]. La diffusion est donc d'abord institutionnelle.

Mais l'appropriation ne peut être dépendante uniquement de ce canal qui, on l'a vu au chapitre précédent, peut être défaillant. Cette défaillance va donc justifier l'opportunité d'une diffusion parallèle, qui permette aux bénéficiaires de l'intégration d'instaurer un canal alternatif de diffusion. La diffusion devra donc aussi être le fait des acteurs non étatiques de l'intégration. C'est par exemple la démarche entreprise dans le cadre de l'Organisation pour l'harmonisation en Afrique du droit des affaires (OHADA). Il a été relevé à cet égard « (qu') il fallait une mobilisation particulière des acteurs de la scène juridique et des milieux économiques, pour s'approprier cette réforme et la soustraire à des pesanteurs et autres aléas qui ont de tout temps fragilisé les efforts d'intégration africaine »[103]. La démarche de diffusion du droit de l'OHADA est menée aussi bien à

102 Article 71 § 1 point (f) du traité (« the general promotion and dissemination of information on the Community to the stakeholders, the general public and the international community »)

103 Michel Akouété Akué, « La communication des institutions de l'OHADA », *Revue de droit uniforme africain*, 2010, n° 1, 2ᵉ trimestre, p. 15.

l'échelle mondiale à travers l'Association pour l'Unification du Droit en Afrique (UNIDA)[104] qu'au plan interne de chaque État membre, par la création de *Clubs OHADA* nationaux.

La diffusion parallèle est un complément indispensable à la publication institutionnelle, à laquelle elle ne peut pas toujours se substituer. Elle ne peut évidemment pas, par exemple, être le support d'une publication au sens juridique du terme, sauf habilitation expresse par les instances de l'organisation régionale. Mais dans tous les cas, elle est un substitut efficace à l'insuffisance ou à l'absence de la diffusion officielle des actes de l'organisation. Il arrive en effet que, dans certaines communautés économiques, le journal officiel pourtant prévu par le traité comme support de publication des actes de l'organisation régionale aient cessé de paraitre, ce qui peut poser problème quant à l'entrée en vigueur desdits actes[105].

L'existence de ces différentes voies de diffusion permet alors d'envisager l'utilisation proprement dite des normes et actions de l'organisation d'intégration. Lorsque cette utilisation subira des obstacles, ces derniers devraient pouvoir être levés au moyen de la réclamation, selon des modalités et des conditions particulières.

B. Réclamer pour « contrôler »

Le processus d'intégration régionale implique à la fois les États membres, les institutions régionales, et les acteurs particuliers dans un réseau triangulaire de relations. En signant le traité d'intégration, les États s'engagent les uns à l'égard des autres quant à la réalisation de ses objectifs, vis-à-vis des institutions régionales qu'ils ont créées par les compétences qu'ils leur ont conférées, et à l'égard des sujets de leurs ordres juridiques respectifs pour leur permettre de bénéficier des droits que le traité leur reconnaît. De leur côté, les institutions régionales à travers

---

104 L'UNIDA a notamment créé le site Internet www.ohada.com qui diffuse, bien plus largement que le site institutionnel de l'organisation – www.ohada.org – les informations à la fois institutionnelles, législatives, jurisprudentielles et doctrinales liées au droit de l'OHADA.

105 Il en est ainsi du Journal officiel de la CEMAC, en dépit des dispositions de l'article 43 du traité selon lequel « les actes additionnels, les règlements et les règlements cadres sont publiés au Bulletin Officiel de la Communauté. Ils entrent en vigueur à la date qu'ils fixent ou, à défaut, le vingtième jour suivant leur publication ».

l'exercice des attributions qui leur sont conférées par les États, doivent aux particuliers des « prestations » afin de leur permettre la jouissance effective des droits reconnus par les traités, tout en étant engagées par le traité à exercer leurs compétences en respectant celles des États membres. Enfin, les particuliers vont, lorsque cette possibilité leur est reconnue, faire application des normes régionales dans leurs relations réciproques. L'utilisation de l'intégration concerne donc l'ensemble de ces acteurs, la réclamation aussi.

La *réclamation* est entendue ici comme l'action par laquelle les bénéficiaires à un titre ou à un autre du processus d'intégration peuvent obtenir la levée des obstacles à l'utilisation de l'intégration. Elle est à ce titre un moyen important de l'*appropriation*, qui donne la possibilité d'exercer un « *contrôle* » non pas conceptuel mais opérationnel sur le dispositif mis en place pour réaliser l'intégration. Il est logique qu'elle soit affectée elle aussi par la logique de confiscation observée et décrite plus haut ; la maîtrise du processus d'intégration par les gouvernements est en effet de nature à priver les acteurs non institutionnels de la possibilité d'exercer un « *contrôle* » tant sur le fonctionnement des institutions que sur la réalisation par ces dernières des objectifs du traité. Cette possibilité dépend en effet de la volonté exprimée lors de la rédaction du traité. Lorsque cette possibilité est reconnue, la réclamation va s'exercer à travers l'implication ou l'engagement des acteurs non institutionnels dans l'activation des outils mis à leur disposition[106]. À l'inverse, tenir les acteurs non institutionnels à l'écart de la *réclamation* internationale renvoie le problème à l'ordre juridique national. Mais là aussi, cela supposera que son objet ait reçu une qualification telle qu'il puisse être opposable au sein de l'ordre juridique interne. Lorsque la réclamation ne peut être juridiquement exercée ni au plan régional ni au sein de l'État, c'est par la protestation que la volonté de « *contrôler* » va se manifester. On passe alors du cadre juridique au champ politique, sortant par la même occasion de celui de notre étude…

D'un point de vue juridique donc, l'implication de l'ensemble des acteurs et bénéficiaires du processus d'intégration confère à la réclamation

106 Le rôle joué par exemple par l'East African Law Society (association des barreaux des États membres de cette Communauté) devant la Cour de justice de l'EAC en est une illustration importante. Voir les différentes espèces sur le site de la Cour (www.eacj.org).

des objectifs différents (1) mais exige surtout des conditions spécifiques d'accessibilité (2).

1. Objectifs et cadre de la réclamation

À travers la réclamation, les acteurs et bénéficiaires du processus d'intégration devraient à la fois s'assurer de la réalisation des objectifs du traité et veiller au respect par l'ensemble des acteurs des normes qui auront été énoncées. La réclamation comporte ainsi une double dimension.

a) La revendication

La réclamation peut tout d'abord être subjective. Elle vise alors le rétablissement d'un droit méconnu, et consistera en une *revendication* des droits, c'est-à-dire le fait d'exiger un dû, de se voir réattribuer un droit. C'est l'action la plus immédiate, par laquelle une personne ou une institution qui s'est vu attribuer un droit va le défendre contre un tiers qui en empêche la jouissance ou l'exercice. Cette action suppose que des droits soient reconnus aux personnes réclamantes. Autant la question ne se pose pas lorsque l'action est menée par une institution ou un État membre, autant elle peut être plus problématique lorsqu'il s'agit des particuliers. Mais ces derniers peuvent bénéficier de droits issus de l'intégration, soit directement de l'action des instances régionales, soit dans le cadre national à travers l'application par les États membres des actes de l'organisation régionale. La revendication peut ainsi être exercée soit dans le cadre institutionnel régional, soit dans l'ordre juridique des États. Il conviendra alors de s'assurer de l'articulation des deux niveaux d'action juridique, afin de garantir en toutes hypothèses l'intégrité des obligations issues du traité d'intégration, ce qui – on le verra par la suite – vaudra tout autant pour la seconde forme de la réclamation.

b) La vérification

La réclamation peut ensuite être objective. À cet égard, elle aura pour objet de s'assurer que les acteurs auxquels la réalisation de l'intégration est confiée assument leurs obligations. Elle contribuera ainsi à sauvegarder l'obligation conventionnelle, en veillant à ce que les actions prévues par le traité soient effectuées, le cas échéant dans les délais prévus. On parlera alors de *vérification*, c'est-à-dire le fait d'éprouver « la conformité d'une situation aux exigences de la loi »[107] ou de la norme de référence.

---

107 Gérard Cornu, *Vocabulaire juridique*, Paris, PUF, 2014.

La vérification est en général du ressort de l'organe exécutif de l'organisation régionale, dont la mission est de veiller à l'application du traité. À ce titre, le traité de la CEMAC prévoit par exemple que « la Commission assure la mission de gardienne des Traités de la CEMAC »[108]. De même, la commission de l'UEMOA exerce ses pouvoirs « en vue du bon fonctionnement et de l'intérêt général de l'Union »[109], termes repris par le traité révisé de la CEDEAO[110]. Le Secrétariat de l'EAC est investi par le traité, dans des termes légèrement différents, de la même mission[111]. Mais cette attribution exclusive n'est pas forcément la meilleure garantie de l'appropriation de l'intégration. D'abord parce qu'on ne peut exclure l'hypothèse de la défaillance de l'organe attributaire lui-même. Ensuite parce que dans ce cas, l'intervention des autres organes et institutions de l'organisation régionale n'apparaît pas nécessairement comme la meilleure garantie de l'intérêt communautaire[112]. Il convient alors de permettre aux bénéficiaires du projet d'intégration de pouvoir s'assurer de la bonne marche du processus, de veiller à l'adoption des actes qui auraient dû l'être, à faire sanctionner la carence des instances chargées de mettre en œuvre les actions prévues par les traités et les autres actes communautaires. L'objet de la *vérification* en fait donc une réclamation *objective*, en ce qu'il s'agit pour les acteurs qui l'exercent d'obtenir la réalisation de ce que prévoit le traité, sans nécessairement établir la preuve d'une atteinte à un intérêt individuel spécifique.

La réalisation des objectifs du traité étant du ressort à la fois de l'organisation régionale et des États membres, la vérification vise donc potentiellement aussi bien les organes de la première que les instances

108 Article 34 al.2 du traité.

109 Article 26 al.1 du traité.

110 Article 19 § 4 du traité tel que révisé en 2006.

111 L'article 71 § 1 du traité de l'EAC dispose en effet que le Secrétariat général est, entre autres, "responsible for the implementation of programmes for the most appropriate, expeditious and efficient ways of achieving the objectives of the Community".

112 C'est précisément la raison pour laquelle le rôle de « *gardien* » du traité et de l'intérêt général est confié à l'organe intégré de l'organisation… On peut rappeler aussi que les organes intergouvernementaux se sont parfois plutôt illustrés par une volonté de dominer l'organe exécutif, en dépit de l'indépendance reconnue à celui-ci par les traités. Voir par exemple S. Priso-Essawe, « L'inamovibilité de l'exécutif dans les Communautés économiques d'Afrique francophone : de la maîtrise politique au respect du droit », *Revue trimestrielle de droit africain – Penant*, 2008, n° 864, pp. 317 et s.

des seconds. Or ces deux ordres juridiques obéissent à des logiques différentes ; l'ordre juridique instauré au niveau régional est d'essence internationale, tandis que le droit des États relève de la souveraineté. Mais l'interdépendance qu'instaure le processus d'intégration lie les deux logiques. La réclamation doit donc être envisagée dans une perspective associant les deux systèmes.

c) L'articulation des niveaux de la réclamation

La réclamation, qu'elle s'exerce par la revendication ou par la vérification, vise à maintenir l'intégrité des engagements et du cadre légal régionaux, et à garantir la primauté de ces engagements communs sur les actions des États membres, tout en se conformant le cas échéant aux niveaux de responsabilité national ou régional. Cela conduit à l'envisager dans le cadre d'une « collaboration », d'une « subordination » ou d'une « séparation » entre les deux ordres juridiques.

- *La collaboration.* La nécessité de la *collaboration* découle de ce que l'intégrité des engagements pris dans le cadre du traité d'intégration oblige à éviter une dénaturation des obligations conventionnelles souscrites par les États. Ces obligations doivent être perçues et appliquées dans le même sens par l'ensemble des acteurs, nationaux et régionaux. Afin de garantir cette intégrité, il doit être possible aux acteurs de faire vérifier que, dans un État donné, la mise en œuvre des engagements communautaires est conforme à l'objectif commun. La sauvegarde de l'intégrité des engagements génère alors la nécessité d'une collaboration entre les deux ordres juridiques, permettant à l'ordre régional de superviser l'examen des réclamations par les instances nationales de contrôle. C'est la raison d'être de la procédure de renvoi préjudiciel. Introduite dans le système juridictionnel de l'intégration européenne, elle a été reproduite par de très nombreuses communautés économiques régionales, en Amérique latine[113] et en Afrique. Si cette forte

113 C'est le cas de la Cour de justice de la Communauté des Caraïbes, selon l'article XIV de l'accord du 14 février 2001 établissant la Cour. Voir aussi l'article 11.2 du règlement de procédures de la Cour adopté le 21 avril 2017 (http://www.caribbeancourtofjustice.org/wp-content/uploads/2011/06/OJR-2017-1.pdf). De son côté, le Tribunal de Justice de la Communauté Andine a une activité fortement tournée vers l'interprétation préjudicielle. Les statistiques de cette juridiction montrent en effet que cette procédure qui a connu une augmentation exponentielle au fil des années (0 recours en 1987, 32 en 1996, 198 en 2006, et 623 en 2016), et qu'elle représente la quasi-totalité des recours reçus

exportation peut s'analyser comme la satisfaction d'un besoin logique, l'utilisation de cette procédure dans les communautés africaines n'est pas, pour l'instant, d'une intensité notoire. En Afrique centrale, la juridiction régionale n'a été saisie qu'une seule fois d'un renvoi préjudiciel par une juridiction nationale, renvoi par ailleurs traité *comme* irrecevable[114]. En Afrique de l'Ouest, le renvoi préjudiciel a eu un peu plus de succès. La Cour de l'UEMOA[115] a été saisie de cinq renvois. Elle a décliné sa compétence dans le premier en raison du contenu de la question posée[116], a déclaré deux autres renvois irrecevables tout en répondant néanmoins à la question posée[117], et a répondu normalement aux deux derniers[118].

---

par le Tribunal (176 sur un total de 183 en 2012, 623 sur 630 en 2016). Par ailleurs, cette domination statistique s'applique aussi à l'origine des recours (325 renvois colombiens sur les 623 en 2016) et à leurs thématiques (317 renvois sur les marques sur les 623 en 2016). Voir les statistiques du Tribunal sur http://www.tribunalandino.org.ec/itstudio/index.php/en/transparencia/2018-03-28-09-30-19. Voir aussi Laurence R. Helfer et Karen J. Alter, "The Andean Tribunal of Justice and its Interlocutors: understanding preliminary reference patterns in the Andean Community", *N.Y. University Journal of International Law and Politics*, 2009, vol. 41, spec. pp.888–889.

114 CJ CEMAC, 25.11.2010, *École Inter-États des Douanes c. Djeukam Michel.* En effet, sans se déclarer incompétente, la Cour de la CEMAC ne proclame pas explicitement l'irrecevabilité du renvoi ; elle indique seulement que si elle est compétente pour apprécier la légalité d'un acte tel que celui en cause, elle ne le ferait que dans la mesure où la juridiction de renvoi indique les éléments qui l'amènent à douter de cette régularité, ce qui n'est pas le cas en l'espèce. Toutefois, le juge communautaire précise auparavant que la juridiction nationale aurait dû s'assurer de sa compétence « pour connaître d'un recours d'un fonctionnaire contre une institution spécialisée de la communauté »...

115 Il n'a pas été institué de renvoi préjudiciel devant la cour de justice de la CEDEAO.

116 CJ UEMOA, 12.01.2005, *Air France c. Syndicat des agents de voyage et de tourisme du Sénégal.* Le Conseil d'État du Sénégal demandait en substance à la juridiction communautaire, du fait de l'intervention de textes de l'Union économique en matière de concurrence, de désigner le juge national compétent pour statuer sur un pourvoi formé en ce domaine.

117 CJ UEMOA, 30.04.2014, deux espèces *Traoré Thierry Michel c. Syb Léwa S.D.*, et *Traoré Thierry Michel c. Salifou Mohamed.* Tout en constatant que la question posée était irrecevable en ce qu'elle visait à interpréter des textes nationaux, la Cour dit néanmoins pour droit que les textes communautaires évoqués n'étaient pas applicables au cas d'espèce.

118 CJ UEMOA, 30.04.2014, *B.O.A.D. c. Youssouf Soumahoro*, et *Lassina Traoré c. B.O.A.D.* Dans ces deux affaires, la juridiction communautaire a jugé qu'en tant qu'institution spécialisée de l'UEMOA, la banque ouest-africaine de

La Cour de justice de l'EAC a quant à elle statué sur un seul renvoi préjudiciel, qui lui a permis de préciser la portée de la disposition du traité de l'EAC relative à cette procédure[119].

Ainsi, l'outil est disponible, et les juridictions communautaires semblent faire preuve d'une bienveillance et d'une impatience peu dissimulées dans l'examen des recours, puisqu'elles sont enclines à répondre indirectement aux questions pourtant maladroitement posées par les juridictions nationales. L'instauration de cette collaboration entre les juridictions nationales et la juridiction régionale permet donc aux acteurs de l'intégration de pouvoir exercer leur pouvoir de réclamation au sein des États sans que puisse en aucune façon être porté atteinte à l'uniformité des règles de la communauté. Dans d'autres cas de figure, les objectifs de la réclamation conduisent à l'envisager aux plan national et régional sous l'angle de la subordination.

– *La subordination.* L'appréciation par l'autorité juridictionnelle nationale de la réclamation est autonome, et elle peut dès lors porter atteinte à l'intégrité des obligations conventionnelles ou aux droits subjectifs tels qu'ils sont énoncés par les instances régionales. Et si le verrou de la collaboration dysfonctionne, alors il est nécessaire que les torts puissent être redressés. La réclamation nationale doit alors être associée à la possibilité de recourir au niveau régional pour obtenir le redressement des écarts de la justice nationale. Cette nécessité peut être organisée sous la forme connue du manquement. Mais dans ce cadre, la juridiction régionale n'exerce pas véritablement de censure de la justice nationale ; le recours en manquement aboutit au constat d'un manquement, constitué en l'occurrence par une action de la juridiction nationale non conforme à l'orthodoxie régionale. La *subordination* conduit quant à elle à soumettre l'action juridictionnelle nationale à la sanction

---

développement ne pouvait répondre de ses actes que devant les juridictions de l'Union.

119 EACJ, 31.07.2015, *Attorney General of the Republic of Uganda vs. Tom Kyahurwenda.* La Cour juge ainsi qu'à la différence de la procédure européenne, les juridictions nationales ont l'obligation de procéder au renvoi préjudiciel dès lors qu'il y a nécessité d'interprétation : "*The discretion (...) is confined to determining whether or not a ruling on the question is necessary to enable the court to make its judgment*" (arrêt, § 56). Voir aussi Emmanuel Ugirashebuja, "Preliminary References under EAC Law", in E. Ugirashebuja, J.E. Ruhangisa, T. Ottervanger, A. Cuyvers (eds.), *East African Community Law*, Brill, 2017, pp. 265 et s.

le cas échéant de la juridiction régionale. Le modèle est audacieux, mais il n'est pas inédit. Ainsi, dans le cadre de l'OHADA, le traité attribue à la Cour de justice de l'Organisation une compétence de réformation des décisions des juridictions nationales à la place des juridictions suprêmes des États membres. Cette solution peut être transposée dans le cadre de l'intégration économique régionale stricto sensu. D'abord parce que rien ne s'y oppose théoriquement ; dès lors que les États membres des communautés interviennent pour appliquer le droit communautaire, et que cette application se fait sous le contrôle des juridictions nationales, l'homogénéité de l'ordre juridique communautaire permet d'envisager la supervision de cette activité par le juge régional sous trois conditions essentielles :

- premièrement que l'intervention de la juridiction nationale ait porté sur des actes de l'État pour la mise en œuvre du droit régional ;
- ensuite que les traités aient attribué à la juridiction régionale la compétence de réformation des décisions juridictionnelles nationales, et
- enfin que cette compétence ne puisse s'exercer qu'après que les juridictions nationales aient été en mesure de statuer.

Certaines juridictions communautaires africaines se sont vu confier une telle compétence. C'est le cas au sein de la CEMAC, dont la convention relative à la cour de justice prévoit, en matière de contrôle de la légalité, que « *l'État membre*, l'institution, l'organe ou l'institution spécialisée *dont émane l'acte annulé* est tenu de prendre les mesures que comporte l'exécution de l'arrêt rendu par la Cour »[120]. La Cour de la CEMAC a cependant adopté une position restrictive, qui s'écarte fondamentalement des textes ; saisie par un commissionnaire en douanes dont l'agrément avait été suspendu par les autorités nationales, elle a jugé irrecevable le recours au motif que la décision contestée « ne constitue pas un acte juridique communautaire » au sens du traité, et que le contrôle de sa légalité « ne relève donc pas de la compétence de la Cour »[121]. Le contrôle de la légalité des actes des États membres est également confié à la Cour

120 Article 25 de la convention de la CEMAC relative à la Cour de Justice. L'emphase est nôtre.

121 CJ CEMAC, 29.11.2012, *Société Wardi c. Tchad.*

de l'EAC[122]. Dans ces deux cas, les juridictions communautaires ont a priori une compétence de premier ressort pour apprécier la légalité des actes des États membres par rapport au traité. Cette compétence générale est discutable dans le principe, dès lors qu'elle intègre le juge communautaire, juge international disposant d'une compétence d'attribution sur des domaines relevant du traité qui l'institue conformément au principe de spécialité de l'organisation au sein de laquelle la juridiction est établie. Dans la mesure en effet où le traité d'intégration fait partie des normes de référence des actions des institutions nationales, il doit revenir en premier ressort au juges nationaux de pouvoir s'assurer de la conformité des actes de l'État à leurs engagements internationaux. La saisine de la juridiction communautaire ne se justifierait donc qu'en dernier ressort pour rétablir le cas échéant une interprétation conforme du droit régional, ce qui rejoint les trois conditions citées plus haut.

- *La séparation*. Cette argumentation explique aussi, parallèlement, la troisième articulation entre les réclamations régionale et nationale, à savoir la *séparation*. En effet, autant le juge national doit avoir la priorité dans l'examen de la conformité des actes nationaux au droit régional, autant le juge régional doit avoir une exclusivité dans l'appréciation des réclamations portant sur la régularité des actes des organes communautaires.

Les recours institués par les traités africains d'intégration régionale sont donc variés et parfois originaux. Toutefois, leur usage ne semble que très peu rentré dans les habitudes des bénéficiaires de l'intégration, que ce soit à l'intérieur des États membres ou devant les juridictions régionales. L'observation de l'activité des juridictions communautaires permet en effet de faire plusieurs constats.

Tout d'abord, les réclamations sont davantage de l'ordre de la *revendication* que de la *vérification*. Les organes exécutifs n'ont à ce jour intenté aucun recours contre des États, et les recours interétatiques

---

122 Aux termes de l'article 30 du traité de l'EAC, "any person who is resident in a Partner State may refer for determination by the Court, the legality of any Act, regulation, directive, decision or action *of a Partner State or an institution of the Community* on the grounds that such Act, regulation, directive, decision or action is unlawful or is an infringement of the provisions of this Treaty". Pour la Cour de l'EAC, cette disposition "*entrenches the people's right to participate in protecting the integrity of the Treaty*" (EACJ, 01.09.2008, *East Africa Law Society and 4 others v. Attorney General of Kenya and 3 others*).

sont quasiment absents[123], alors même que des situations manifestes de manquement ont pu être observées[124]. Par ailleurs ni les États, ni les acteurs non institutionnels, ni les individus n'ont tenté de faire constater voire sanctionner une défaillance des institutions ou des États membres dans la réalisation des objectifs du traité. De telles situations n'ont pourtant pas manqué. À titre d'exemple, les périodes transitoires définies par certains des traités pour la mise en place d'étapes importantes du processus d'intégration se sont achevées sans que les engagements correspondants n'aient été remplis, et sans pour autant que cela ne donne lieu à quelque recours que ce soit. Aux termes des articles 3 à 6 de la convention initiale régissant l'Union Économique de l'Afrique centrale, la réalisation des objectifs de l'Union devait se faire en trois étapes : la première, d'une durée de 5 années, visait à mettre en place le cadre normatif (harmonisation des règles relatives aux activités, démarrage de la coordination des politiques nationales, etc.) nécessaire à l'établissement, pendant la seconde phase d'une durée de 5 années elle aussi, à partir de la fin de la première, de la libre circulation des biens, services, capitaux et personnes ; la troisième et dernière étape quant à était celle de « l'achèvement du programme des deux premières étapes ». Or aucun de ces objectifs n'a été concrétisé, et la révision de la convention en 2008 a prescrit de nouvelles étapes ; elle indique désormais que « la réalisation des objectifs de l'Union Économique prendra en compte les

---

123 On notera l'exception de l'affaire opposant devant la Cour du COMESA l'Éthiopie et l'Érythrée, dont la procédure n'a cependant pas été à jusqu'à son terme (voir E.D. Kemfouet Kengny, *Les juridictions des organisations d'intégration économique en Afrique*, LGDJ, 2017, p. 166). Le constat est fait aussi bien en Afrique de l'Ouest (voir A. Sall, *La justice de l'intégration*, *op. cit.*) qu'en Afrique centrale (voir S. Priso-Essawe, « Le Cameroun et la Cour de justice de la CEMAC », in A.D. Olinga (dir.), *Le Cameroun et le prétoire international*, Yaoundé, Afrédit, 2015, pp. 50–51).

124 A titre d'illustration, le Cameroun a eu recours en 2008 à des mesures de sauvegarde sans respecter la procédure prévue à cet effet par les traités, sans protestation ni des autres États membres, ni de la Commission. Toujours dans cette région, on peut citer l'affaire – à la limite du rocambolesque – du refoulement du président de la Commission ; l'État de Centrafrique, État membre et État de siège de la CEMAC, a en effet interdit l'accès de son territoire au Président de la Commission de cette organisation de retour d'un séjour à l'étranger, en méconnaissance des principes énoncés aussi bien par l'accord de siège que par le traité communautaire lui-même, sans que les autorités communautaires (Président de la Conférence des Chefs d'État) ni les autres États membres ne réagissent. Seules des concertations ont eu lieu entre l'État de siège (le Centrafrique) et l'État d'origine du Président de la Commission (le Cameroun). Voir S. Priso-Essawe, « Affaire Antoine Ntsimi : que peut-on espérer de la CEMAC ? », in *Quotidien Mutations*, Yaoundé, 24 avril 2012.

acquis de la Communauté Économique et Monétaire de l'Afrique centrale (CEMAC) et sera entreprise en deux étapes » de trois années chacune. Au cours de la première, l'Union « poursuit le processus de mise en place des instruments de libre circulation des biens, des services, des capitaux et des personnes, notamment par une harmonisation de la fiscalité des activités productives et de la fiscalité de l'épargne » et « établit, entre ses États membres, la libre circulation des biens, des services, des capitaux et des personnes »[125]. La première phase de la convention révisée reprend ainsi des objectifs de la deuxième étape de la convention initiale. Or, selon le calendrier issu de la convention de 1996, la deuxième étape devait s'étaler de 2001 à 2006, tandis que le nouveau planning démarre en…2008. Aussi, dès la fin de l'année 2006, les bénéficiaires de l'intégration auraient eu matière à faire constater l'inaction des instances régionales et/ou nationales quant à la finalisation du marché commun.

Le même constat peut être fait en Afrique occidentale. Dans la CEDEAO, une union douanière était censée être en vigueur depuis le 1er janvier 2000 ; tous les obstacles à la libre circulation des biens et des personnes devaient avoir été éliminés à cette date et un tarif extérieur commun était censé être en vigueur[126]. Or ceci n'est pas encore effectif au sein de la Communauté : le Conseil a adopté le 30 septembre 2013 un projet de règlement soumis à l'approbation de la Conférence en octobre 2013, qui propose que le Tarif extérieur commun devienne opérationnel le 1er janvier 2015[127] soit… quinze ans après le délai fixé par le traité ! De même, à l'UEMOA, les réglementations en matière de concurrence ont été adoptées en 2002[128], huit ans après l'entrée en vigueur du traité ; or le traité prévoyait que « un an après (son) entrée en vigueur », les atteintes à

125 Articles 3 et 4 de la convention de la CEMAC relative à l'UEAC.

126 L'article 35 du traité de la CEDEAO dispose qu'« à partir du 1er janvier 1990 tel que prévu à l'Article 54 du présent Traité, il est progressivement établi *au cours d'une période de dix (10) ans*, une Union douanière entre les États membres ». L'article 54 fait référence au « schéma de libéralisation des échanges adopté par la Conférence aux termes de sa décision A/DEC. 1/5/83 du 30 mai 1983 *et dont le lancement est intervenu le 1er janvier 1990* ».

127 CEDEAO, Communiqué de presse n° 281/2013 du 30 septembre 2013 : « Le Tarif Extérieur Commun de la CEDEAO sera mis en œuvre pour compter du 1er janvier 2015 ».

128 UEMOA, Règlements 2/2002/CM/UEMOA relatif à la coopération entre la Commission et les Structures Nationales de Concurrence des États membres pour l'Application des Articles 88, 89 et 90 du Traité de l'UEMOA, 3/2002/CM/UEMOA relatif aux Procédures Applicables aux Ententes et Abus de Position

la libre concurrence seraient « interdit[e]s *de plein droit* »[129]... Aucune de ces situations n'a donné lieu à contentieux.

La deuxième observation est que, lorsque la revendication s'exerce, elle ne concerne que très marginalement la substance même de l'intégration[130]. Les saisines portent essentiellement sur les relations entre les organisations régionales et leurs agents, et sur la protection des droits fondamentaux des personnes lorsque la juridiction s'est vue spécifiquement attribuer cette dernière compétence[131].

La troisième observation est la très faible implication des États dans le contentieux communautaire. En dehors de quelques exceptions notoires, les États membres des différentes communautés n'ont pas été actifs dans la saisine des juridictions communautaires. En Afrique de l'Ouest, seul le Sénégal s'est distingué sur ce plan, même s'il s'est ensuite désisté[132]. En Afrique centrale, le Cameroun est à l'origine des deux seuls recours

---

Dominante à l'Intérieur de l'Union Économique et Monétaire Ouest Africaine ; 4/2002/CM/UEMOA Relatif aux aides d'État à l'Intérieur de l'Union Économique et Monétaire Ouest Africaine et aux Modalités d'Application de l'Article 88 (c) du Traité. Voir parmi d'autres A.S. Coulibaly, 2003, « Le droit de la concurrence de l'UEMOA », *Revue Burkinabé de Droit*, 2003, n° 43 et 44 ; S. Priso-Essawe, « L'émergence d'un droit communautaire africain de la concurrence : double variation sur une partition européenne », *Revue Internationale de droit comparé*, 2004, vol. 56(2), pp. 329–354.

129 Article 88. L'emphase est nôtre.

130 Le constat est fait par d'autres auteurs : voir A. Sall, *La justice de l'intégration*, *op. cit.* spéc. pp. 22–32 ; E.D. Kemfouet Kengny, *Les juridictions des organisations d'intégration économique en Afrique*, *op. cit.*, pp. 165–181. Ce dernier relève une seule affaire devant la Cour du COMESA (condamnation de l'État mauricien pour taxation douanière indue de produits en provenance d'Égypte), et une seule devant la Cour de l'EAC (condamnation de l'Ouganda pour avoir refusé l'accès sur son territoire à un ressortissant d'un autre État membre de la communauté). Signalons cependant qu'en Afrique centrale, le contentieux des restructurations des établissements bancaires décidées par la Commission bancaire de l'Afrique centrale (organe de l'UMAC) a donné lieu à plusieurs décisions juridictionnelles, ce qui constitue une exception.

131 C'est le cas de la Cour de justice de la CEDEAO (en vertu du protocole additionnel du 19 janvier 2005). D'autres juridictions ont statué dans ce domaine en appliquant des dispositions des traités énonçant le respect des droits de l'homme comme l'un des principes de fonctionnement de l'organisation ; c'est le cas du Tribunal de la SADC et de la Cour de l'EAC (dont le texte attributif de compétence, prévu par le traité, n'a toujours pas été adopté par le sommet des Chefs d'État).

132 CJ UEMOA, 21.02.2017, *Sénégal c. Commission*. Le Sénégal avait en effet introduit le 6 août 2010 un recours en appréciation de la légalité d'une décision

étatiques, dans une affaire qui a abouti elle aussi à un... désistement de l'État[133].

La réclamation est donc fort peu exploitée dans le cadre des ordres juridiques communautaires africains, malgré l'existence dans les traités des supports pour l'exercer. Il faut alors identifier et lever les obstacles qui réduisent son accessibilité.

2. L'accessibilité de la réclamation

Afin que la réclamation permette aux bénéficiaires de l'intégration de pouvoir s'approprier celle-ci par son « contrôle », il est nécessaire qu'elle leur soit accessible. Cela suppose deux choses. La première est l'ouverture des prétoires aux justiciables notamment non institutionnels, la seconde est leur accessibilité.

Sur le premier point, les traités africains d'intégration économique sont plutôt ouverts, tout au moins en matière de contrôle de la légalité. Les particuliers sont admis au prétoire des juridictions communautaires, sans grande restriction ; il faut qu'ils justifient « d'un intérêt certain et légitime »[134] ou que leur recours vise un acte leur « faisant grief »[135]. Aucune restriction n'est imposée quant au type d'acte contestable, comme c'est le cas par exemple devant la Cour de l'Union européenne. Qui plus est, la possibilité de contestation de la légalité est parfois élargie aux actes des États qui enfreindraient le traité[136]. Cette large ouverture des recours est de nature à relativiser quelque peu la distinction existant entre le recours en manquement réservé aux États et aux institutions régionales et l'action en régularité des actes des États qui seraient contraires au droit communautaire.

---

de la Commission qui s'opposait à des restrictions nationales imposées à des importations d'huile.

133 CJ CEMAC, 6 décembre 2012, *Cameroun c. COBAC*. Contestant la décision de la Commission bancaire d'Afrique centrale retirant son agrément à une banque camerounaise, le Cameroun a finalement obtenu un arrangement à l'amiable avec cette institution de la CEMAC, et s'est désisté de la procédure en annulation. Un arrêt du 17 février 2011 avait au préalable permis à l'État camerounais d'obtenir le sursis à exécution de la décision querellée.

134 Article 24 de la convention de la CEMAC relative à la Cour de justice

135 Article 8 al.1 du protocole additionnel de l'UEMOA relatif aux organes de contrôle ; article 10 § c du protocole de la CEDEAO relatif à la Cour.

136 Voir *supra* notes 121 et 123.

Mais, et c'est le second point, si les traités africains d'intégration ont plutôt largement ouvert les portes aux particuliers, cette ouverture ne suffit pas à dynamiser le contentieux. Il faut aussi, en effet, que les juridictions soient accessibles. Or la caractéristique des juridictions communautaires est leur unicité et leur centralisation. La cour ou le tribunal de l'organisation régionale statue à son siège, en général dans la capitale de l'un des États membres. La juridiction est de ce fait éloignée des justiciables, ainsi que des juridictions nationales qui peuvent être amenées à solliciter sa collaboration. Un tel éloignement ne favorise pas forcément l'appropriation du système par les bénéficiaires. D'où l'opportunité d'un rapprochement envisagé sous différents angles.

Le premier est d'ordre financier. Il est généralement admis que les personnes ayant des difficultés pour faire valoir leurs droits devant une juridiction doivent pouvoir bénéficier d'une assistance financière. Le protocole à la charte africaine des droits de l'homme relatif à la Cour prévoit ainsi qu'« une représentation ou une assistance judiciaire, peut être gratuitement assurée dans les cas où l'intérêt de la justice l'exige »[137]. Cette assistance n'est cependant pas proclamée comme un droit à part entière de la personne, contrairement à ce qui est affirmé par le Pacte des Nations Unies sur les droits civils et politiques ou encore la convention européenne des droits de l'homme[138]. Dans le cadre des organisations africaines d'intégration, seule l'UEMOA a prévu un tel mécanisme, par l'article 65 du règlement de procédures de la Cour. Toutefois, si la Cour dispose du pouvoir de décision quant à l'octroi de l'assistance à une personne ayant un « impérieux besoin », elle se fonde entre autres sur « un certificat de l'*autorité compétente* justifiant (l') indigence » de la personne demanderesse. Aucune précision n'est donnée quant à l'identification de cette autorité compétente, notamment si elle est nationale ou régionale. La première hypothèse semble cependant la bonne, étant donné que le contexte d'appréciation de l'indigence est le contexte de vie, c'est-à-dire le cadre national. La Cour de la CEMAC ne prévoit quant à elle de gratuité qu'« en matière sociale, pour les Institutions et Organes de la CEMAC et en cas de renvoi »[139]. Aucune interprétation institutionnelle

137 Article 10.2 du protocole. En application de cette disposition, l'article 31 du règlement intérieur de la Cour précise qu'elle peut « dans l'intérêt de la justice, et dans les limites des ressources financières disponibles, décider de l'octroi à une partie d'une représentation et/ou d'une assistance judiciaire gratuite ».

138 Respectivement l'article 14 § 3-d et l'article 6 § 3-c.

139 Article 23 du règlement de procédures.

de cette disposition n'a encore été faite, notamment pour préciser s'il s'agit de trois conditions distinctes, ou si les justiciables particuliers n'ont droit à la gratuité qu'en matière sociale, dont le contenu serait en outre à déterminer.

La seconde solution pour faciliter l'accessibilité de la justice communautaire est d'ordre pratique et géographique. Il s'agit pour la juridiction de se rapprocher « physiquement » des justiciables, en se déplaçant pour assurer certaines de ses séances. Cette possibilité est généralisée dans les textes relatifs aux juridictions régionales africaines.

Les règlements de procédure des juridictions de l'OHADA, de la CEDEAO, de l'EAC et du COMESA, ainsi que la Convention relative à la Cour de justice de la CEMAC, autorisent ces organes à statuer le cas échéant hors de leur siège. Seule la Cour de l'OHADA connaît une limite à cet égard, puisqu'elle ne peut tenir de session sur le territoire de tout autre État membre qu'avec « *l'accord préalable de cet État* »[140]. La Cour a certes tenu plusieurs audiences foraines[141] sans faire face à l'obstruction des États sollicités, mais on peut néanmoins s'interroger sur l'opportunité d'une telle autorisation, dès lors que cette juridiction a une compétence obligatoire à l'égard des États membres de l'organisation, y compris pour réformer les décisions des juridictions nationales, et que le règlement de procédures précise par ailleurs qu'en cas d'audiences délocalisées sur le territoire d'un État partie, ce dernier « ne peut, en aucun cas, être impliqué financièrement »[142].

Les audiences foraines des autres juridictions ne sont pas soumises à l'autorisation des États[143]. Les juges de la CEDEAO en ont tenu une,

140 Article 19 du règlement de procédure de la CCJA.

141 Notamment en République du Congo et en République démocratique du Congo en novembre 2013, au Cameroun, Tchad et Gabon en novembre 2014, ou encore en avril 2015 au Burkina Faso.

142 C'est en effet une autre des réserves posées par l'article 19 du règlement de procédures de la Cour.

143 Règle 116 du règlement de procédures de la Cour de l'EAC : "(…) the Court may, if it considers it desirable, direct that all or part of the proceedings in any case shall be held at a place other than the Seat of the Court". Règle 4 du règlement de la Cour du COMESA : "the Court may in any particular case sit and exercise its functions in any other place within any other Member State if it considers it expedient". Article 3 de la Convention relative à la CJ CEMAC : « (…) La Cour de justice de la CEMAC peut toutefois, en cas de nécessité impérieuse, siéger et exercer ses fonctions en tout autre lieu du territoire abritant le siège ou dans celui

faisant suite en l'espèce à la demande de la requérante[144]. Mais rien ne s'oppose à ce que la décision puisse être prise par les juridictions de leur propre initiative[145].

La systématisation de la délocalisation des audiences des juridictions régionales améliorerait leur visibilité, mais renforcerait surtout leur accessibilité. Elle peut toutefois poser quelques questions. Le déplacement de la juridiction constitue bien entendu une charge pour l'organisation, ainsi qu'un défi logistique, dès lors qu'il faut avoir à disposition tous les éléments relatifs aux affaires traitées à l'occasion de l'instance délocalisée. La pratique de la délocalisation a ainsi donné lieu à des appréciations différentes. Certains en ont salué l'intérêt, arguant de ce que les audiences foraines (dans la pratique de l'OHADA) au-delà du rapprochement des justiciables, permettaient aussi à la juridiction régionale de renforcer des relations de travail avec les juridictions nationales[146]. D'autres ont à l'inverse considéré (en évoquant la CEDEAO) que *« si ce sont exclusivement des raisons pécuniaires qui sont à la base du déplacement de la cour, il est pertinent de se demander s'il n'était pas moins onéreux de prendre en charge le déplacement de la partie plaignante, ainsi que celui des témoins, pour une "meilleure administration de la justice" »*[147]. Il est certain que la question de la charge financière des audiences foraines peut se poser. Mais cette charge est limitée. D'une part, elle ne concerne que la phase orale du contentieux, puisque la communication écrite entre les parties et la juridiction ne nécessite aucun déplacement. D'autre part, lorsque la délocalisation de l'instance est envisagée, elle peut traiter l'ensemble des

de tout État membre de la CEMAC ». Article 16 du Règlement de procédure de la CJ UEMOA : « La Cour peut toutefois, en cas de nécessité, siéger et exercer ses fonctions en tout autre lieu du territoire abritant le siège ou de celui d'un des États membres ».

144 C.J. CEDEAO, 27 octobre 2008, *Hadijatou Mani Koraou c. République du Niger* ; Décision avant-dire-droit n° ECW/CCJ/APP/08/08 du 24 janvier 2008.

145 Article 21 § 2 : "the Court may choose to hold one or more sessions in a place other than that in which the Court has its seat in accordance with article 26(2) of the protocol".

146 G. Kenfack Douajni, « L'expérience internationale de la Cour commune de justice et d'arbitrage de l'OHADA », in *L'indépendance de la justice*, 2e Congrès de l'Association des Hautes juridictions de cassation des pays ayant en partage l'usage du français (AHJUCAF), Dakar, 2007, pp. 145 et s., spec. pp. 150–151.

147 A. Sall, La justice de l'intégration. Réflexions sur les institutions judiciaires de la CEDEAO et de l'UEMOA, L'Harmattan, 2e édition, 2018, p. 470.

dossiers en instance concernant des parties résidant dans un périmètre national ou éventuellement plurinational. Enfin, la juridiction dispose toujours d'un pouvoir d'appréciation qui peut l'amener à refuser de tenir des audiences foraines si elle estime que la bonne administration de la justice ne l'impose pas, en raison par exemple du statut des parties au différend. On peut observer par ailleurs que, en l'état actuel du droit processuel des organisations d'intégration africaines, d'autres phases du travail juridictionnel peuvent faire l'objet de déplacement de la juridiction ; c'est le cas des mesures d'investigation, que les cours peuvent décider de mener sur place[148]. En revanche, il semble évident que le principal bénéfice des délocalisations résiderait dans la proximité des justiciables, et mériterait probablement un tel coût, supporté par les organisations régionales.

La délocalisation ponctuelle des audiences des juridictions régionales permettrait donc à certains égards de renforcer l'accessibilité de la réclamation pour les justiciables les plus vulnérables, surtout si elle est associée à la possibilité d'obtenir un soutien financier pour supporter les frais de justice.

* * *

Il semble donc indispensable que l'ensemble des acteurs de l'intégration soient impliqués dans la mise en œuvre des traités. Cela ne conduit pas à tous leur conférer les mêmes prérogatives. Les États et les acteurs non institutionnels ne sont pas appelés à jouer le même rôle, et il ne s'agit pas d'ôter aux institutions étatiques les compétences internationales qui sont les leur. En revanche, la réalisation des objectifs des traités impose la mise en place d'un *contrepoids* afin d'assurer un équilibre des intérêts, dans la mesure où il apparait que l'action des États au sein des instances régionales n'est pas forcément de nature à assurer l'effectivité des traités. Il convient alors d'impliquer les autres protagonistes, qui doivent sortir du cadre de simples *consommateurs* de l'intégration et contribuer à la réalisation du projet, en se saisissant des droits et prérogatives qui sont les leurs, ou qui

148 Règlement de procédures de la CJ CEMAC, articles 39 à 41 ; règlement de procédures de la CJ CEDEAO, article 41 § 2 ;

pourraient leur être reconnues. Chacun des protagonistes doit se faire une place dans le projet communautaire, et cette *nidification* donnerait une impulsion forte à la mise en œuvre du projet d'intégration. Mais cela passe aussi par une définition du contenu du projet d'intégration qui soit *endogène*. L'appropriation doit aussi être *conceptuelle*.

Partie 2 –

L'appropriation conceptuelle : éléments juridiques pour une intégration « *pour soi* »

Afin de compléter l'appropriation instrumentale ou opérationnelle de l'intégration, il est nécessaire que le contenu de l'intégration soit établi conformément aux attentes des différents acteurs. L'appropriation doit donc porter aussi sur la dimension conceptuelle de l'intégration régionale. L'intégration *pour soi* postule donc une approche adaptée au contexte dans lequel doit se déployer le processus, par un *marquage* aussi bien théorique (chapitre 1) que fonctionnel (chapitre 2).

Chapitre 1.

Le *marquage* théorique

L'intégration régionale en Afrique est à la fois un héritage et une politique. Héritage par le fait que de nombreuses organisations sur le continent sont une continuation de structures mises en place pendant la période coloniale, elle est aussi une politique dans la mesure où, on l'a vu, sa mise en œuvre fait l'objet d'une approche définie et articulée au niveau global. C'est ainsi la marque d'une appropriation par les États du continent de ce phénomène global. Mais cette appropriation est limitée ; elle devrait en outre prendre en compte les spécificités du continent, afin d'en tirer une vision endogène, qui nécessite aussi bien de rechercher un fondement théorique propre (section 1) que de préciser l'idée d'œuvre qui la sous-tendra (section 2).

Section 1. La recherche d'une finalité *appropriée* de l'intégration

L'intégration économique est généralement déclinée sous différentes *formes*, dont on retrouve la présentation théorique chez l'économiste hongrois Bela Balassa[149]. Ayant un lien entre elles, elles sont souvent présentées comme étant des étapes d'une croissance linéaire du processus d'intégration. Or les fondements d'une linéarité unique ne semblent pas évidents. Concernant l'intégration régionale en Afrique, cette considération a une grande importance, parce que l'appréciation de l'efficacité voire de la pertinence de l'intégration sur le continent est fortement basée sur cette linéarité. L'articulation des étapes de

149 B. Balassa, *The theory of economic integration*, London, George Allen & Unwin Ltd, 1961.

l'intégration met en lumière l'idée selon laquelle le processus suppose des économies introverties, ce qui n'est pas le cas des États africains entre eux. Or l'expérience africaine permet de remettre en cause le postulat de l'universalité de la linéarité (§ 1), et de fonder l'intégration régionale en Afrique sur des bases théoriques différentes, mettant en avant non plus l'exploitation de l'introversion, mais la recherche de celle-ci.

Paragraphe 1. Critique de la linéarité du processus d'intégration

Il est nécessaire de se référer à la formulation de Bela Balassa lui-même pour mettre en lumière le glissement qui est opéré entre les notions de *formes* de l'intégration et d'*étapes* de l'intégration :

> *Economic integration, as defined here, can take several forms that represent varying degrees of integration. These are a free trade area, a custom union, a common market, an economic union, and complete economic integration. In a free-trade area, tariffs (and quantitative restrictions) between the participating countries are abolished, but each country retains its own tariffs against nonmembers. Establishing a custom union involves, besides the suppression of discrimination in the field of commodity movements within the union, the equalization of tariffs in trade with nonmember countries. A higher form of economic integration is attained in a common market, where not only trade restrictions but also restrictions on factors movements are abolished. An economic union, as distinct from a common market, combines the suppression of restrictions on commodity and factor movements with some degree of harmonization of national economic policies, in other to remove discrimination that was due to disparities in these policies. Finally, total economic integration presupposes the unification of monetary, fiscal, social and countercyclical policies and requires the setting-up of a supranational authority whose decisions are binding for the member states*[150].

Cette présentation des formes de l'intégration régionale est claire ; il y a des degrés d'intégration divers, articulés entre eux. Chaque forme *inférieure* est incluse dans la forme *supérieure*. Une union douanière comporte outre sa dimension propre, les éléments de la zone de libre-échange ; c'est ainsi le risque de détournement de trafic, généré par le cumul de la suppression des droits de douanes entre États parties et la maîtrise

150 B. Balassa, *The theory of economic integration*, Chapter 1 – The concept and forms of integration

par chacun d'eux du tarif vis-à-vis des tiers qui conduit au tarif extérieur commun et donc à l'union douanière. De même, la dynamisation des échanges de produits passe par la libération des facteurs de production, d'où la mise en place d'un marché commun. L'union économique, bien que « distincte du marché commun », « combine » les éléments de ce dernier avec l'harmonisation des politiques économiques nationales. Les différentes formes d'intégration ont alors pu être présentées comme une séquence logique et inévitable. La théorie néo-fonctionnaliste, par son concept de l'engrenage (*"spill-over"*), considère ainsi que les difficultés éprouvées dans un secteur de l'intégration ne peuvent être résolues que par l'inclusion d'autre(s) secteur(s), ce qui « *nécessite*[rait] *que les économies des États membres soient raisonnablement interdépendantes avant le processus d'intégration* »[151]. Or il ne doit échapper à aucune analyse que les théories de l'intégration économique se sont bâties pour comprendre et expliquer, dans une large mesure, l'intégration européenne amorcée par la Communauté européenne du charbon et de l'acier[152]. L'intégration européenne a induit un vaste mouvement d'explication théorique du phénomène. L'exclusivité de l'expérience a conduit à terme à la « conviction » que celle-ci se confondait au phénomène[153]. L'analyse des expériences ultérieures d'intégration s'est coulée dans ce moule, plutôt que de donner lieu à un mouvement théorique équivalent. Les éléments contextuels sont alors analysés comme des faiblesses ou des entraves, plutôt que comme des éléments à prendre en compte dans la manifestation du phénomène. Or d'un point de vue plus général, détaché de cet eurocentrisme, ces différentes formes peuvent ne pas apparaitre dans ce séquençage linéaire.

---

151 S. Saurugger, *Théories et concepts de l'intégration européenne*, Paris, SciencesPo Les Presses, 2009, p. 79.

152 Les principaux ouvrages fondamentaux de la théorie de l'intégration économique sont en effet liés à l'intégration européenne. Bela Balassa a publié *The theory of economic integration* en 1961. *The Customs Union Issue* de Jacob Viner paraît en 1950, et en 1958, Ernst B. Haas consacre *The Uniting of Europe* à l'étude de la Communauté européenne du charbon et de l'acier.

153 F. Söderbaum, Rethinking regionalism, Basingstoke, Palgrave Macmillan, 2016. L'auteur note ainsi que "during the 'old regionalism', regional integration theories were developed for and from the European experience and then more or less re-applied or exported around the world" (p. 7). Voir aussi « What's wrong with regional integration? The problem of eurocentrism », European University Institute Working Papers, Robert Schuman Center for advanced Studies, Global Governance Programme-63, RSCAS 2013/64.

D'abord parce que les processus d'intégration ne visent pas nécessairement toutes les étapes présentées par Balassa. Chaque forme peut être un objectif en soi. L'objectif de l'ALENA n'est ainsi pas le même que celui de l'Union européenne...

Ensuite parce que dans l'histoire, certains processus ont commencé par – ou avec – ce qui est l'une des étapes ultimes, l'union monétaire. Ainsi, les pays de la zone Franc ont partagé une monnaie commune avant même d'instituer entre eux un marché commun ou même une union douanière.

Enfin parce que selon Balassa, c'est dans le cadre d'une intégration économique totale que l'on conçoit une autorité supranationale dont les décisions sont contraignantes pour les États membres. Or il n'échappe à personne que tel n'est pas le cas. D'une part, l'intégration est un *processus* et le stade final peut être considéré comme jamais atteint – en tous cas tel que Balassa le définit. D'autre part, de nombreuses autorités supranationales existent dans des formes d'intégration qui ne répondent pas à la définition de Balassa. C'était le cas déjà pour la CECA...

La linéarité des formes d'intégration économique peut donc difficilement être considérée comme fondement de la théorie de l'intégration. Or cette présentation a été reprise de façon dominante dans la doctrine relative à l'intégration africaine, qui a toujours expliqué les difficultés de l'intégration sur le continent par l'extraversion originelle des économies concernées.

Ce courant est résumé principalement par l'importante thèse de Bruno Bekolo, pour qui

> la multiplicité des organisations régionales n'apporte aucune impulsion décisive, ni aux échanges intra-communautaires, ni au commerce extérieur de ces pays. Pire, on observe, s'agissant des échanges intra-communautaires que plus le pays se développe et connaît une croissance forte, moins le commerce intra-communautaire pèse sur ses échanges extérieurs. Les politiques tarifaires et les fiscalités harmonisées s'avèrent inefficaces, tant pour développer les échanges que pour impulser l'investissement. Il n'y a ni détournement des échanges, puisque les polarisations traditionnelles demeurent en direction des pays développés, essentiellement les anciennes métropoles, ni création de nouveaux flux d'échanges, puisque les échanges intra-communautaires restent marginaux, malgré l'apparition dans certains cas de pays relais[154].

154 B. Bekolo-Ebé, *Intégration et relations économiques interafricaines. Bilan et perspectives*, thèse Paris 1, 1977. Voir aussi, de P. et S. Guillaumont, *Zone Franc*

Il faudrait donc, pour que l'intégration soit efficace dans ces régions, que les économies des États membres soient interdépendantes, car « en l'absence d'économies d'échelle limitées par les débouchés, tous les projets visant à développer les productions destinées au seul marché intérieur sont voués à l'échec »[155].

Or s'il est vrai que les échanges des États africains membres d'une communauté économique sont davantage faits avec des États tiers (et non africains) qu'avec les autres États membres, il l'est tout autant que la volonté de renverser cette tendance peut être une finalité du processus d'intégration, dès lors qu'on s'écarte de la vision *linéaire* du processus.

Paragraphe 2. Le marquage de l'intégration par l'introversion

Cette approche se retrouve déjà dès le milieu des années 1970, avec notamment les « *trois modèles* » de Lynn Mytelka. Évoquant les unions douanières entre des pays en voie de développement[156], la professeure canadienne avait en effet montré qu'elles pouvaient prendre trois formes, dont la troisième était la plus adaptée à des économies extraverties :

- l'union douanière classique ; elle créerait dans ce contexte une diversion de trafic, c'est-à-dire une dynamisation des échanges avec les États tiers, principaux bénéficiaires de la libre circulation des marchandises entre les États membres.
- l'union douanière comportant des mécanismes permettant aux États perdants de compenser leurs pertes ; elle implique une

---

et développement africain, Paris, Economica, 1984, 337 p. ; « L'intégration un nouvel enjeu pour la Zone franc », *Revue d'Économie du Développement*, 1993 n° 2, p. 82–111 ; B. Békolo-Ebé, « L'intégration régionale en Afrique : caractéristiques, contraintes et perspectives », *Mondes en développement* 2001/3 (n° 115–116), p. 83 ; R.A. Tsafack Nafosso et I. Tamba, « Enjeux et problématique de l'intégration économique en Afrique centrale », in H. Ben Hammouda, B. Bekolo Ebe, T. Mama, *L'intégration régionale en Afrique centrale*, Paris, Karthala, 2003, pp. 43 et s., spéc. p. 51.

155 D. Avom, « Intégration régionale dans la CEMAC : des problèmes institutionnels récurrents », *Afrique contemporaine* 2007/2, n° 222, p. 200

156 L. Mytelka, « Regional integration in the Third World », in *International dimensions or regional integration in the Third World*, Ottawa, University of Ottawa Press, 1975, pp. 15 et s.

dimension dirigiste de l'économie politiquement difficile à mettre en œuvre au niveau régional

– l'union douanière compensée visant de surcroît la réduction de la dépendance extérieure : elle comporte des mesures destinées à réduire la dépendance des économies des États membres[157].

Les processus d'intégration régionale en régions sous-développées viseraient ainsi non pas une coopération fonctionnelle et un changement économique marginal des structures existantes, mais une transformation structurelle et la stimulation des capacités productives, où les opportunités d'investissement et de commerce seraient à créer[158]. Cette approche se retrouve également dans la littérature plus récente. L'Observatoire de l'intégration régionale en Afrique (ORIA), organe de la Commission économique des Nations Unies pour l'Afrique, a ainsi confectionné avec la Commission de l'union africaine et la Banque africaine de développement un « *indice de l'intégration régionale en Afrique* » composé de cinq domaines fondamentaux de l'intégration[159], décliné chacun en indicateurs, et qui lui permet entre autres de mesurer l'état du processus :

157 W.A. Axline, « Underdevelopment, dependence and integration: the politics of regionalism in the Third World », in Ph. De Lombaerde et F.Söderbaum, *Regionalism*, London, Sage publications, 2013, vol. 1, p. 222.

158 Economic Commission for Latin America, « The Latin American Common Market and the Multilateral Payments System », in Ph. De Lombaerde et F.Söderbaum, *Regionalism*, London, Sage publications, 2013, vol. 1, pp. 103 et s.; F. Söderbaum, « What's wrong with regional integration? The problem of eurocentrism », *op. cit.*, p. 3 ; J.R. Oyaya, « L'oubli des réalités régionales dans l'intégration en Afrique centrale : le cas de la CEMAC », *Mondes en développement*, 2001/3 (n° 115–116), p. 103–113.

159 Commission Économique pour l'Afrique, Union Africaine, Banque Africaine de Développement, *Indice de l'intégration régionale en Afrique. Rapport 2016*, Addis-Abeba, 2016 (Les indices sont décrits en pp. 28–37). L'IIRA a été mis à jour en 2019, et est également disponible sur les sites dédiés commun des 3 organisations (https://www.integrate-africa.org) et de la CEA (http://arii.uneca.org/fr-FR).

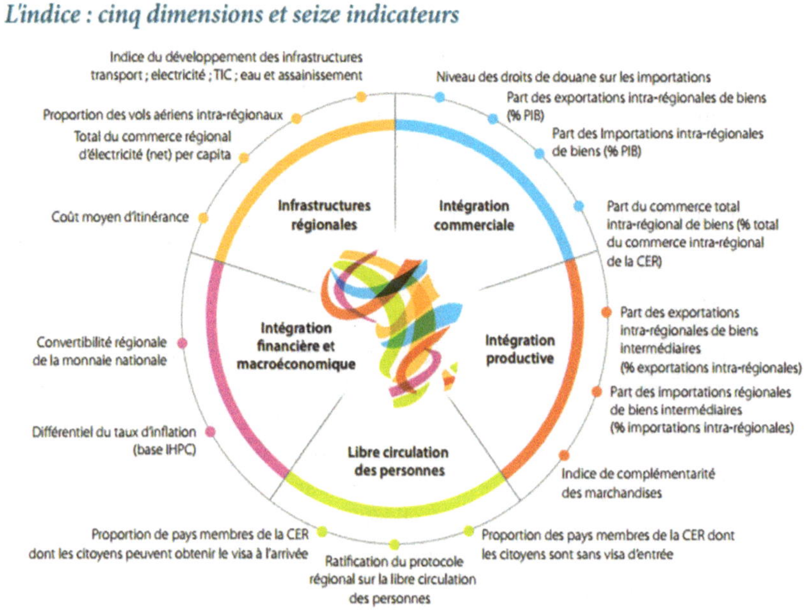

Figure 2: Les 5 domaines de l'intégration régionale en Afrique.

L'objectif d'intégration se répartit donc sur plusieurs leviers, plusieurs « dimensions », qui peuvent être actionnées selon les priorités définies par les organisations et leurs États membres.

C'est le fondement théorique de ce qui avait été entrepris par exemple au sein de l'UDEAC et de l'EAC, avec la politique d'industrialisation, fondée sur une répartition des industries entre les États membres en fonction de la localisation des matières premières[160]. Dès le préambule du traité de l'UDEAC, les États membres posaient en effet comme objectif « l'harmonisation des politiques d'industrialisation, la répartition équitable des projets communautaires et la coordination des programmes de développement des différents secteurs de production », objectif précisé par les articles 48 à 52. Les actions dans ce cadre ont été menées sur la base de différents actes

160 Voir M. Yadi, « Promotion du développement industriel équilibré des pays-membres de l'UDEAC et de la CAE », *Études internationales*, 1975, vol. 6 n° 1, pp. 66–102.

ultérieurs[161]. L'échec de cette politique est venu de la concurrence que les États se sont faite irrégulièrement en contestant l'implantation dans d'autres États et en créant parfois des industries concurrentes sur leur territoire[162]. En Afrique de l'Est, une politique équivalente a été envisagée, prônant la répartition d'industries fondamentales pour le développement de la région entre États membres. Mais les accords rédigés à cette fin n'ont pas été signés par le principal pays industriel de la région, le Kenya ; « ils auraient [pourtant] constitué un moyen utile qui aurait permis à l'Ouganda et à la Tanzanie de rattraper leur retard en matière de développement industriel par rapport au Kenya »[163].

Bien que la mise en œuvre de cette politique ait échoué, cet échec s'explique d'abord par l'inexistence de mécanismes contraignants de contrôle du respect par les États de leurs engagements au sein de la communauté. L'objectif quant à lui restait valable et constituait une voie d'appropriation théorique de l'intégration. Le processus ici aurait visé, contrairement à la présentation séquencée des formes de Balassa, à organiser les économies et engendrer la production dans un premier temps, puis à aménager la circulation desdits produits dans un second temps.

A. Organiser les économies et engendrer la production

L'histoire coloniale africaine a laissé un acquis valorisé par les États nouvellement indépendants dans leurs communautés économiques[164] ; il a été douanier et/ou monétaire. Parallèlement, un brassage de personnels provenant de différentes colonies a constitué un embryon de libre circulation des personnes. La mise en place du processus d'intégration par les États a donc consisté en une valorisation de cet acquis colonial,

---

161 Acte n° 13/73-UDEAC-223 du 3 décembre 1975 portant répartition des projets industriels communautaires ; Acte n° 14/75-UDEAC-223 du 3 décembre 1975 portant orientation de la politique d'industrialisation commune de l'Union ; Acte n° 24/84-UDEAC-328 de 19 décembre 1984 portant abrogation de l'Acte n° 14/75 et portant approbation des critères de choix des projets industriels communautaires ; Acte n° 22/84-UDEAC-328 du 19 décembre 1984 portant engagements des États dans la mise en œuvre des projets industriels communautaires ; Décision n° 16/84-UDEAC-328 du 19 décembre 1984 portant orientation et identification des projets industriels communautaires.

162 M. Yondo, Dimension nationale et développement économique. Théorie et application dans l'UDEAC, Paris, LGDJ, 1970, pp. 194 et s.

163 M. Yadi, *op. cit.*, p. 88.

164 Voir *infra* p. 821.

à tout le moins dans sa dimension monétaire et douanière. L'intégration apparaît alors ici comme un « *donné* », puisque le processus démarre sur un socle existant. L'UDEAC et l'UDAO héritent ainsi d'une réglementation douanière unique, matrice du Code des douanes commun de la première de 1964, et de la convention régionale de la seconde[165].

À côté de ce « *donné* », il y a du « *construit* » ; des politiques communes sont élaborées pour organiser l'économie régionale. L'industrialisation en fait partie (dimension « *Intégration productive* »), mais cela pourrait aussi bien inclure l'agriculture et l'élevage, ainsi que toutes les infrastructures permettant de donner un plein essor aux activités productives : la construction de voies routières, l'aménagement de structures portuaires sur les voies fluviales de la région, la mise en place d'infrastructures de télécommunication peuvent ainsi faire l'objet de mesures communautaires[166].

Aussi le processus d'intégration viserait dans un premier temps à transformer radicalement les structures de l'économie régionale (Dimension 2 « *Infrastructures régionales* »), afin de leur permettre de développer leur potentiel. La disponibilité des facteurs de production est aussi l'un des préalables importants. La libre circulation de la main d'œuvre, des services et des capitaux (Dimension 1 « *Intégration commerciale* » et Dimension 4 « *Libre circulation des personnes* ») est donc nécessaire dans cette recherche de l'introversion des économies régionales.

B. *Aménager la libre circulation de la production*

La libéralisation de la circulation des marchandises serait alors, dans une telle perspective de l'intégration, non pas un préalable à des politiques communes[167], mais une conséquence de celles-ci. C'est parce que les

165 J.-Bedel Norodom Kiari, *L'intégration régionale en Afrique centrale (1916–1960). Une analyse des jalons posés par la France*, Paris, L'Harmattan, 2012, pp. 78–79, et 99 et s. ; J.-Claude Gautron, « La Communauté économique de l'Afrique de l'Ouest. Antécédents et perspectives », *A.F.D.I.* 1975, pp. 197–215, spec. p. 199.

166 Voir S. Priso-Essawe, « Intégration économique et constitution d'un "patrimoine commun communautaire" : éléments pour un concept nouveau », in L.-Daniel Muka Tshibende (dir.), Personne et Patrimoine. Variation sur une connexion, Bruxelles, Bruylant, 2014, pp. 216–236

167 Selon la présentation séquencée de l'intégration, les politiques communes constituent l'union économique, étape succédant au marché commun.

économies auront été rendues aptes à la production qu'elles pourront dynamiser les échanges de cette production entre elles. Qu'il n'y ait que très peu d'échanges intracommunautaires n'est donc pas surprenant dans la mesure où il n'y a pas ou que très peu de production à échanger…

Cette démarche s'oppose très probablement aux principes essentiels de l'ordre économique international actuel. Faire du renforcement de la libre circulation de la production intracommunautaire un objectif suppose en effet que la politique d'intégration aboutisse dans une mesure importante à l'instauration d'une politique préférentielle au sein de l'espace intégré, remettant ainsi en cause l'ouverture des marchés prônée par les règles du commerce international. Le GATT n'autorise en effet les zones préférentielles que dans la mesure où elles ne sont pas destinées à créer des obstacles pour les autres États. C'est le sens du paragraphe 4 de l'article XXIV du GATT, aux termes duquel « l'établissement d'une union douanière ou d'une zone de libre-échange doit avoir pour objet de faciliter le commerce entre les territoires constitutifs *et non d'opposer des obstacles au commerce d'autres parties contractantes avec ces territoires* »[168]. Il reste cependant que l'appropriation théorique de l'intégration dans les régions en voie de développement questionne fortement la théorie classique de l'union douanière, dès lors que le problème des droits de douane ne devrait se poser qu'au terme du processus d'intégration plutôt qu'en amont, comme le postule l'article XXIV du GATT et la théorie linéaire de l'intégration.

Il semble donc opportun d'approcher l'intégration économique dans les régions en voie de développement sur des bases théoriques appropriées. Ce *marquage* théorique s'accompagnerait alors d'une vision tout aussi appropriée de la mise en œuvre du projet d'intégration, à travers une *idée d'œuvre* précisée.

Section 2. Préciser et caractériser l'*idée d'œuvre*

La diversité des États impliqués dans un processus d'intégration oblige à prendre en considération les fondements de leur engagement. Il peut varier, initialement ou au fil du développement du processus. Cette

168 Les États membres s'engagent de plus « dans toute la mesure du possible (à) éviter que des effets défavorables n'en résultent pour le commerce d'autres Membres » (Préambule du GATT de 1994).

variation est inhérente au fait que le projet entrepris n'est pas quelque chose de prédéfini, voire de *fini*. Il y a, dans la démarche d'intégration économique régionale, une part d'incertitude du futur, que traduit le concept d'« *idée d'œuvre* » développé par Maurice Hauriou dans sa théorie de l'institution. C'est « l'idée directrice de l'entreprise », sans en être ni le but ni la fonction. C'est ce par quoi « l'entreprise va s'objectiver et acquérir une individualité sociale », et qui va se traduire dans un « triple mouvement d'intériorisation, d'incorporation et de personnification »[169]. L'absence d'horizon figé ne signifie pour autant pas navigation à vue… L'engagement des États sera dicté par un certain nombre d'idées qui vont orienter leur action et la réalisation du projet. Il sera nécessaire de tenir compte, pour l'avancée du projet d'intégration, des ressorts profonds des États et de leur capacité à accepter les orientations prises ensemble, tout en restant dans le cadre théorique que nous avons évoqué dans la section précédente. Or si les motivations des États ne sont pas uniformes, l'intégration ne peut être différenciée dans tous ses éléments, car elle nécessite fondamentalement une uniformisation à certains égards. L'idée d'œuvre ne consistera donc pas à définir l'objectif à terme du processus, puisque cet objectif se crée au fur et à mesure qu'il se réalise[170]. Elle doit plutôt permettre de paver le chemin pour guider la réalisation de la volonté des États tout en en sécurisant le développement. Afin d'intégrer la diversité des ressorts profonds des engagements étatiques dans la démarche commune d'intégration, il y a donc lieu de distinguer, dans le processus, ce qui relève de l'uniformité et ce qui s'ouvrirait à la différenciation. De cette classification (§ 1) découlera l'identification de l'étendue des engagements de chacun des États parties (§ 2) et, au-delà, la détermination du modèle normatif dont il sera question plus loin[171].

---

169 M. Hauriou, « La théorie de l'institution et de la fondation. Essai de vitalisme social », in *Aux sources du droit : le pouvoir, l'ordre et la liberté, Cahiers de la Nouvelle Journée*, 1925, n° 23. Sur cette notion qu'Hauriou ne définit pas dans ses écrits, voir entre autres les essais de systématisation d'Éric Millard, « Hauriou et la théorie de l'institution » (*Droit et Société* 1995, n° 30/31, spéc. pp. 393–395), et de Rémi Chéno, « La pertinence ecclésiologique de la théorie de l'institution de Maurice Hauriou » (*Revue des sciences religieuses*, 2008, n° 82/2, spéc. pp. 4–5).

170 On peut à cet égard rapprocher ce concept de celui du *spill-over* développé par les néo-fonctionnalistes.

171 Voir *infra*, chapitre 2, section 2.

Paragraphe 1. La classification des domaines d'intégration

A. L'identification des domaines

Il est logique de distinguer, dans tout processus d'intégration, quel qu'en soit l'objectif final, trois catégories de domaines : les domaines « essentiel », « d'accompagnement » et « périphérique ».

1. Le domaine *Essentiel*

Certaines matières sont indispensables au processus d'intégration qui, sans elles, n'est pas – ou plus – envisageable. C'est autour d'elles que s'articulent la structuration et la réalisation du projet. Au cœur du processus, elles en sont l'« essence », et constitueront le « **domaine essentiel** ». Ainsi, une union douanière n'aurait de sens que si la nomenclature et la tarification douanières sont uniformes entre les États membres. De même, construire un marché commun ne se conçoit que dans la mesure où la suppression des restrictions à la circulation des facteurs de production est actée. Le domaine *essentiel* rassemble donc les éléments qui permettent d'identifier et de caractériser l'objet de l'engagement des États membres dans la création de la communauté économique régionale. Le circonscrire permettrait en outre de clarifier les attendus des actions conduites par l'organisation chargée d'appliquer le traité. La mise en œuvre de ce domaine *essentiel* peut être facilitée par d'autres mesures qui, sans être indispensables, renforceraient néanmoins la réalisation des objectifs du traité.

2. Le domaine d'*Accompagnement*

D'autres matières auront en effet pour objectif de renforcer les questions essentielles décrites ci-dessus. Sans être incontournables dans le processus, elles permettent cependant de mieux en asseoir les fondements. Ainsi, l'harmonisation des fiscalités directes améliore certainement la libre circulation des marchandises, sans être une condition essentielle de l'institution d'un marché commun ou d'une union douanière[172]. De même, la libre concurrence n'est pas un objectif de l'Union, mais un élément essentiel à la réalisation du marché commun[173]. Facteur

---

172 L'Union Européenne a ainsi institué dès l'origine une libre concurrence sans pour autant harmoniser les fiscalités directes…

173 La formulation des traités de l'Union européenne est claire à cet égard : si « *l'Union établit un marché intérieur* » (TUE 3§ 3), elle se voit attribuer pour ce faire une

de « renforcement » du processus, de telles questions en formeront le « **domaine d'accompagnement** ». Une redéfinition des objectifs du processus donnant une plus grande importance à ces questions en ferait un facteur non plus de *renforcement*, mais d'*approfondissement*, passant alors du domaine d'« accompagnement » au domaine « essentiel ». À l'inverse, le passage du domaine essentiel vers le domaine d'accompagnement marquerait un recul[174].

3. Le domaine *Périphérique*

Enfin, le processus d'intégration peut bénéficier de dispositifs qui n'en constituent ni l'essence, ni des éléments d'approfondissement indispensables. Leur prise en compte constituerait néanmoins un plus pour l'intégration sans véritablement en être un élément incompressible ; réinstaurer la paix ou en renforcer les conditions au moyen d'une force multinationale ou d'une politique de sécurité intérieure commune par exemple, assure un cadre de sécurité utile au développement des activités économiques dans la région, sans constituer une action *inhérente* au processus d'intégration. De telles mesures dans un processus d'intégration en constitueront un « **domaine périphérique** ».

Ainsi définis, ces domaines ne sont pas figés dans leur contenu. La détermination de ce dernier dépend des objectifs du processus d'intégration tels qu'ils sont définis par les traités.

B. La détermination du contenu des domaines

Évoquer la détermination du contenu des domaines d'intégration ne conduit pas ici à définir matériellement les éléments qui les constituent. Cela serait contraire à la diversité des processus dans leurs finalités, et à la volonté politique exprimée à travers les traités fondateurs des organisations d'intégration. Il s'agit simplement de relever d'une part que la détermination du contenu est essentiellement subjective et que, d'autre part, les choix sont fondamentalement évolutifs.

---

compétence exclusive pour « *l'établissement des règles de concurrence **nécessaires au fonctionnement [dudit] marché intérieur*** » (TFUE 3 § 1.a ; l'emphase est nôtre).

174 Le terme est utilisé ici dans son sens *mécanique*, c'est-à-dire un mouvement inverse nécessaire à une action opposée (le recul d'une arme lors d'un tir, ou le recul du cœur nécessaire à la propulsion du sang), par opposition à la *reculade*, à connotation négative (cf. *Le Littré. Dictionnaire de la langue française*, t.5). Le recul peut alors être le signe d'une prise de conscience de la nécessité de reformuler les objectifs pour mieux avancer.

1. Une détermination essentiellement subjective

La détermination du contenu de chacun de ces domaines est essentiellement subjective et contextuelle. On pourrait par exemple penser que dans le cadre d'un marché commun, mettant donc en œuvre une libre circulation des travailleurs, l'harmonisation des politiques sociales soit un élément « *essentiel* » ; or l'exemple de l'Union européenne montre que la lutte contre les *détournements de trafic* dans le cadre d'une union douanière peut être privilégiée par rapport à l'élimination du dumping social dans le cadre de la libre circulation des travailleurs…[175]. Sur un autre plan, on a pu observer, au sein de l'Union européenne toujours, à l'occasion du traité d'Amsterdam en 1995, le passage de compétences de l'intergouvernementalité (« *3e pilier* ») à la supranationalité (« *pilier communautaire* »). La définition des éléments d'un domaine d'intégration est donc liée aux objectifs que les États se sont assignés dans le cadre du traité, et relève par conséquent de la volonté desdits États telle qu'exprimée dans ce traité. Le *marquage* consisterait alors, dans ce cadre, à identifier précisément les éléments correspondant au projet d'intégration envisagé. C'est l'idée d'œuvre qui permettra de *façonner* les différents domaines, qui à leur tour en seront le reflet. Leur contenu évoluera avec elle.

2. Un choix évolutif

La conception qu'une région a de son projet d'intégration n'est pas figée. Le projet est par définition évolutif, ce qui peut conduire à redéfinir la substance de chacun des domaines d'intégration. Au vu des caractéristiques que nous avons évoquées, l'incidence de l'évolution du projet sur les domaines d'intégration peut être envisagée simplement. On peut en effet théoriquement déduire que l'accroissement du domaine *essentiel* est le signe d'une intégration qui se renforce. À l'inverse, plus le domaine *périphérique* est fort, au détriment des domaines *essentiel* et d'*accompagnement*, moins l'intégration est avancée. Mais au-delà de cette approche globale, l'évolution peut être plus complexe. Le contenu des domaines d'intégration peut évoluer par des *migrations* d'éléments entre eux et, de ce fait, ces migrations peuvent entraîner une déclassification d'éléments liés.

---

175 Voir J.-Marc Siroën, *La régionalisation de l'économie mondiale*, Paris, La Découverte, 2e édition, 2004, pp. 26–29, à propos du modèle de Jacob Viner.

a) Des migrations entre les domaines

Le contenu du domaine *essentiel* peut par exemple varier avec l'avancée du processus : une question relevant initialement de l'« accompagnement » peut s'avérer par la suite « essentielle », ce qui montre l'interdépendance qui peut caractériser ces différentes phases. L'harmonisation fiscale, qui peut « *accompagner* » une zone de libre-échange, peut ainsi devenir « *essentielle* » dès lors que le processus d'intégration passe au stade d'union douanière ; de même, la coordination des politiques économiques devient, en principe, plus importante lorsqu'est mise en place une monnaie unique. L'évolution du projet d'intégration se traduira alors soit par l'insertion d'éléments nouveaux dans l'un ou l'autre des domaines d'intégration, soit par une migration des éléments d'un domaine vers un autre, dans le sens du *renforcement* (flèche pleine dans le schéma) ou de l'*allègement* (flèche en pointillé dans le schéma) :

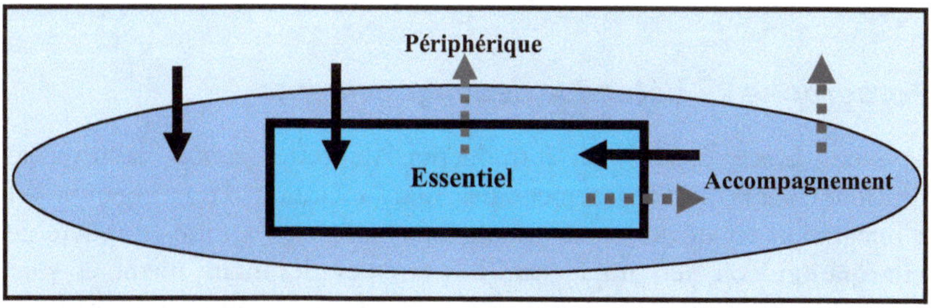

Figure 3: *Dynamique des domaines d'intégration*

Par ailleurs, il peut être possible d'observer pour seul changement la création d'un élément *périphérique*, en appui à une politique du domaine *essentiel* ou d'*accompagnement*. Ainsi, en se référant encore une fois à l'Union européenne, la signature des accords de Schengen en 1986 peut être analysée comme l'insertion, dans le domaine *périphérique*, d'éléments renforçant la libre circulation, celle-ci relevant quant à elle du domaine *essentiel*. Ultérieurement, la transformation des acquis de ces accords en compétence communautaire traduisait une évolution du projet européen, et donc une migration de cette compétence du champ *périphérique* vers le domaine *essentiel*.

Les domaines d'intégration peuvent donc muter par une action sur les éléments en migration. Mais les mutations peuvent aussi être une conséquence de la migration d'autres éléments.

b) La requalification incidente

Les catégories étant liées entre elles, la migration d'un élément peut entraîner la déclassification ou le reclassement d'éléments qui lui sont *liés*. En d'autres termes, le passage d'un élément du domaine d'*accompagnement* au domaine *essentiel* entraînera probablement la migration des éléments complémentaires qui lui sont liés du champ *périphérique* vers le domaine d'*accompagnement*. À l'inverse, le glissement d'une compétence de l'*essentiel* vers le domaine d'*accompagnement* déclassifiera ses éléments associés vers le domaine périphérique. Par ailleurs, l'insertion de nouveaux éléments dans un domaine donné peut se traduire par la création parallèle, dans le domaine inférieur, d'éléments qui lui sont associés.

La déclinaison du projet d'intégration régionale en *domaines* différents constituerait alors une clé importante dans la structuration de la réalisation de l'idée d'œuvre. Elle aura une incidence notamment sur la qualification des engagements des États membres.

Paragraphe 2. L'étendue des engagements

Nous avons évoqué, en introduction de cette section, la diversité des fondements de l'engagement des États membres d'une organisation d'intégration régionale, et par conséquent l'idée que la mise en œuvre de l'intégration doit s'en imprégner. Les attentes des États membres sont nécessairement variées, chacun d'entre eux ayant une motivation spécifique dans son implication au projet politique commun. Mais la nature du projet d'intégration nécessite aussi une démarche commune ; intégrer c'est principalement transformer une multitude en une unité. Afin de concilier les deux nécessités, il convient de prendre en considération les domaines d'intégration dans la détermination de l'étendue des engagements des États. Plus on tend vers le domaine *essentiel*, plus il sera nécessaire d'adopter une démarche d'uniformité. À l'inverse, plus on s'en éloigne, plus il sera opportun de tenir compte des préoccupations spécifiques.

A. L'uniformité : le domaine essentiel

Le domaine *essentiel*, on l'a vu, constitue l'essence même d'un processus d'intégration. Il en est la substance. Il est donc important que ses éléments soient déterminés avec le plus large consensus possible, car sa mise en œuvre ne peut que très difficilement soutenir des attentes divergentes. La création par des États d'une union douanière suppose voire exige que les États membres partagent la nécessité de supprimer les droits de douanes dans leurs échanges commerciaux mutuels. Il ne peut être envisagé de traitement différencié sur ce point, accordant des dérogations à certains États quant à la possibilité de prélever des charges pécuniaires lors d'échanges de marchandises provenant d'autres États membres. De même, la création d'une monnaie unique entre des États va de pair avec l'acceptation par ces derniers de règles relatives à la gestion et à la garantie de la crédibilité de ladite monnaie. Le domaine *essentiel* se caractérisera ainsi par la nécessité de poser des règles et principes uniformes, communs à l'ensemble des destinataires dans l'espace intégré. Tous les États membres seront donc soumis aux mêmes engagements, aux mêmes obligations les uns envers les autres, et chacun à l'égard des sujets de son ordre juridique interne. Cette nécessité peut toutefois aussi se concrétiser par l'édiction de prescriptions obligatoires que les États seraient ensuite chargés de mettre en œuvre dans le respect des dispositions adoptées en commun. La démarche sera toute autre lorsque l'action portera sur les domaines d'accompagnement ou périphérique.

B. *La différenciation : les domaines d'*accompagnement *et* périphérique

Les développements d'un processus d'intégration sont en général analysés d'un point de vue quantitatif – l'augmentation du nombre d'États membres – et d'un point de vue qualitatif – l'intensification des domaines concernés par le processus. On parle alors d'élargissement pour le premier aspect, d'approfondissement pour le second. La combinaison des deux aspects renforce les difficultés générées ; plus il y a d'États participants, plus l'approfondissement est susceptible de rencontrer des difficultés dans son acceptation. C'est dans ce cadre qu'il est souvent fait référence à la différenciation[176] comme une solution.

La différenciation s'entend de la possibilité de mettre en place des actions et des politiques dont le champ d'application serait différent au sein de l'organisation d'intégration. Elle rend possible un assujettissement variable aux politiques de l'organisation. Elle serait donc un compromis entre le sentiment de « trop-plein » pour les États réticents aux développements proposés, et celui du « pas assez » pour

176 Pour une étude systématique et approfondie du phénomène de différenciation, voir Dirk Leuffen, Berthold Rittberger et Frank Schimmelfennig, *Differentiated Integration. Explaining variation in the European Union*, Basingstoke, Palgrave, 2013.

les États qui souhaitent une avancée du projet. Autrement dit, c'est parce qu'un processus d'intégration se développe en englobant des politiques nouvelles que la différenciation peut s'avérer nécessaire pour concilier l'ambition des États « volontaristes » avec la réticence des États « conservateurs ». Cette différenciation permettrait alors d'éviter que les réticences ne génèrent ou ne renforcent l'effet *roll-back*, c'est-à-dire des velléités de *régression*. Le *roll-back* pourrait se manifester par la volonté de confiner les compétences des instances supranationales via un recours à la subsidiarité, ou encore par la volonté de restituer aux États certaines des compétences attribuées jusque-là à l'organisation régionale[177].

De ce point de vue, la différenciation peut paraître inopportune dans le débat sur les organisations d'intégration peu avancées, parce qu'elle suppose une ancienneté et une progression vers un stade avancé. Mais l'idée que nous avançons ici est que la différenciation peut être analysée comme un important outil pour le succès de tout processus d'intégration. Un processus sans un tel mécanisme dès le départ serait plus enclin à développer un *roll-back*. La différenciation apparaît comme une soupape de sécurité pour le processus d'intégration, qui gagnerait à l'organiser *ab initio*. Elle permettrait de déployer les politiques de l'organisation avec toute la souplesse nécessaire pour tenir compte de la diversité des situations des États membres.

Parmi les traités africains d'intégration régionale, seul celui de l'EAC fait référence à la différenciation. Le traité de l'EAC énonce en effet dans son article 7 § 1 les principes opérationnels, c'est-à-dire ceux qui doivent « guider la réalisation pratique des objectifs de la Communauté ». Parmi eux figurent les principes de la « géométrie variable » et de « l'asymétrie ». Le premier est défini comme « la flexibilité qui permet des avancées dans la coopération entre des groupes (d'États) au sein de la Communauté pour des schémas d'intégration plus larges dans divers domaines et à des rythmes différents »[178]. Quant au second, il est substantiellement différent. Il rend possible des « variances dans la mise en œuvre de mesures dans un processus d'intégration économique dans le but d'atteindre un objectif commun »[179] ; il est donc d'application transitoire, dans la

177 Voir par exemple Dirk Leuffen, « *European Union as a Blueprint? Nine Hypotheses on Differentiated Integration in a Comparative Perspective* », University of Bonn, Center for European integration Studies, WAI-ZEI Papers, n° 8/2013.

178 Point (e) de l'article 7§ 1.

179 *Idem*, et article 1 du traité.

mesure où c'est l'objectif commun qui en est la finalité. C'est ainsi que le protocole instaurant l'union douanière au sein de la Communauté prévoit néanmoins l'application d'un tarif transitoire applicable pour une période de 5 ans à certains produits originaires de l'Ouganda et à destination du Kenya et de la Tanzanie, en vertu de ce principe. On peut penser que l'absence de cette flexibilité aurait pu être un obstacle dans la mise en œuvre de l'union douanière au sein de l'EAC, en raison des réticences que n'aurait pas manqué d'exprimer la Tanzanie en raison de difficultés particulières, reconnues en l'espèce par les autres États membres.

Les traités des autres communautés africaines n'énoncent quant à eux aucune technique de différenciation, ce qui explique très probablement certaines difficultés que rencontrent ces organisations. La législation de l'Afrique centrale sur la liberté de circulation des personnes fournit une illustration. La première approche de l'organisation dans ce domaine fut de considérer la libre circulation d'un point de vue très large ; la convention adoptée en 1972 par les États membres de l'UDEAC incluait quatre catégories de personnes dans le champ d'application de cette politique : travailleurs, hommes d'affaires, professionnels indépendants et touristes. Ces personnes pouvaient librement circuler entre les États membres sous réserve simplement de la possession « *d'une carte nationale d'identité ou d'un passeport en cours de validité ou périmé depuis moins de cinq ans, ainsi que d'un carnet sanitaire international* »[180]. Mais la clarté et le caractère obligatoire des dispositions de la convention UDEAC de 1972 sur la libre circulation des personnes n'ont pas suffi à réaliser cet objectif ; le texte n'a été appliqué que partiellement, et seulement par quelques États membres. Au final, la révision du processus d'intégration dans la région par le traité de 1996 a revu le dispositif, et la libre circulation des personnes n'a plus été envisagée que dans une perspective professionnelle, et seulement au « cours de la deuxième étape » de la réalisation de l'Union économique[181]. Et c'est sans surprise que les Actes additionnels successifs du 29 juin 2005[182] et du 25 juin 2013[183] sur le même objet, connaissent

180 Article 2 de la convention de 1972.

181 Soit au minimum 6 ans après l'entrée en vigueur de la convention, cette deuxième étape s'étalant sur 5 années « *à compter de la fin de la première étape* », d'une durée elle-même de 5 ans…

182 Acte additionnel n° 08-CEMAC-CCE-SE du 29 juin 2005 relatif à la libre circulation des personnes en zone CEMAC.

183 Acte additionnel n° 01/13-CEMAC-070-U-CCE-SE portant suppression du visa pour tous les ressortissants de la CEMAC circulant dans l'espace communautaire.

un sort identique, dès lors que les craintes – compréhensibles – des États réticents n'avaient toujours pas été spécifiquement traitées[184]. Ce *roll-back* observé entre 1972 et 1996 aurait pu être évité si l'application de la convention de 1972 avait été envisagée de façon différenciée, afin de gérer les réticences des États réfractaires…

Il est cependant logique de penser que toutes les politiques de l'organisation ne pourront pas être soumises à la différenciation, sans risquer de dénaturer l'objet même du traité. La différenciation ne se prêterait donc qu'aux domaines d'accompagnement et périphériques, dont les éléments peuvent être appliqués de façon différente entre les États sans nuire substantiellement à la mise en œuvre du processus d'intégration[185].

L'identification d'une orientation précise du processus d'intégration passe ainsi par une série d'éléments qui ne sont pas prédéterminés : les États et tous les protagonistes du processus d'intégration vont donc devoir choisir entre différentes possibilités d'articulation des éléments qui leur semblent indispensables à la réalisation de leur projet. Mais dans tous les cas, cette réflexion et ce choix sont de nature à favoriser une mise en œuvre du processus conforme aux engagements pris. Cette démarche d'appropriation conceptuelle est tout aussi nécessaire sur le plan fonctionnel.

184 Il est en effet compréhensible qu'un État membre s'oppose à la libéralisation de la circulation des travailleurs, par exemple, dès lors que son « solde migratoire » est radicalement différent de celui des autres États membres… Ainsi, selon les Statistiques du Programme des Nations Unies pour le Développement (http://hdr.undp.org/fr/data), le nombre d'immigrants rapporté, en pourcentage à la population du pays (« *stock of immigrants* ») est de 1,3 % au Cameroun et en Guinée équatoriale, et de… 23,6 % au Gabon ! Parallèlement, et toujours selon la même base de données, la proportion de la population en situation de pauvreté critique (« *severe poverty* ») est de 4,4 % au Gabon, contre… 27,1 % au Cameroun !

185 L'on notera ainsi par exemple que la différenciation mise en œuvre dans le cadre de l'union douanière de l'EAC est faite par l'asymétrie et non par la géométrie variable, la dimension transitoire étant ainsi un élément fondamental.

Chapitre 2.

Le *marquage* fonctionnel

L'appropriation fonctionnelle évoque les éléments qui permettent à un processus d'intégration régionale donné d'être opérationnel. Cette opérationnalité est à la fois institutionnelle ou organique, normative et contentieuse. Les objectifs du traité d'intégration sont concrétisés à travers des outils, des *vecteurs d'opérationnalité*, qui dépendent du degré d'implication et de contrainte accepté par les États parties. Ainsi, chaque processus d'intégration doit produire des modèles institutionnel (section 1) et normatif (section 2) spécifiques, qui se dégagent des contraintes acceptées et garanties par les acteurs.

Section 1. Le modèle institutionnel

L'observation montre qu'il n'y a pas de modèle institutionnel universel dans les organisations d'intégration, malgré quelques tendances générales ou dominantes. Leur schéma institutionnel résulte en effet d'abord de la théorie des organisations internationales, et on y retrouve des organes représentatifs et des organes intégrés. L'Union européenne, la Communauté Andine des Nations, le Mercosur, la CEDEAO ou encore le COMECON disposent (ou disposaient) d'un organe regroupant les ministres représentant les États membres et, a minima, d'un secrétariat général. Mais on peut noter par exemple qu'elles n'ont pas toutes un organe parlementaire, ou une juridiction régionale, ou encore que la représentation des chefs d'État ou de Gouvernement n'a pas toujours été de règle[186]. Quant aux organes intégrés, ils existent sous une forme collégiale ou unipersonnelle et leurs pouvoirs sont fort variés.

---

186 Le Conseil européen, organe regroupant les Chefs d'États et de Gouvernement des pays de l'Union européenne, n'avait été prévu ni par le traité de Paris de 1950, ni par ceux de Rome de 1957…

Mais dans toutes les hypothèses, le modèle institutionnel doit assurer la réalisation des objectifs du traité d'intégration et traduire la nécessité d'articuler les pouvoirs des États membres avec la gestion collective qu'implique le processus d'intégration. Il ne se conçoit donc pas sans supranationalité (§ 1). Mais les schémas institutionnels vont diverger selon les organisations, parce que les États ne mettent pas en commun l'ensemble de leurs compétences, et que cette collectivisation ne se fait pas de la même façon dans chaque processus d'intégration. Parce que, aussi, les États ne laissent pas non plus nécessairement la main à l'organisation commune dans les domaines dans lesquels ils ont décidé de communautariser leur action. Cela génère une autre nécessité, celle d'un partage des rôles entre les États et l'organisation à travers une subsidiarité dont la conception peut être multiforme (§ 2).

Paragraphe 1. La nécessité d'une supranationalité

Dans sa théorie de l'intégration économique, Bela Balassa considérait que parmi les « formes représentant des degrés variés d'intégration », seule la plus aboutie, l'intégration économique complète nécessitait « la mise en place d'une autorité supranationale dont les décisions sont obligatoires pour les États membres »[187]. L'expérience montre que tel n'est pas le cas, puisque la majorité des processus d'intégration, sans atteindre ce niveau ultime, ont néanmoins instauré une autorité supranationale. Tout au moins la volonté en est exprimée ; les États membres de la CEDEAO proclament par exemple dans le préambule du traité leur conviction « *que l'intégration des États Membres en une Communauté régionale viable peut requérir la mise en commun partielle et progressive de leur souveraineté nationale au profit de la Communauté dans le cadre d'une volonté politique collective* » et reconnaissent « *de ce fait la nécessité de créer des Institutions communautaires auxquelles seraient conférées des pouvoirs conséquents* ».

La supranationalité a été considérée, « en tant que principe de droit », comme nécessitant la réunion d'un organe indépendant des États, décidant à la majorité, dont les décisions sont obligatoires et

187 B. Balassa, *op. cit.*

engagent directement les particuliers[188]. Autrement dit, une organisation serait supranationale lorsqu'elle prend, de façon autonome, des décisions d'effet immédiat et d'applicabilité directe. Cette conception, qui a eu le mérite d'être la première systématisation juridique du concept, présente toutefois l'inconvénient de lier supranationalité et applicabilité directe, car la supranationalité ne vise pas à ignorer l'État, mais à le soumettre à la décision d'un organe qui lui est extérieur ; les décisions de l'organisation supranationale peuvent ainsi être soit directement applicables, soit mises en œuvre par les États dans leurs ordres juridiques nationaux, mais dans les deux cas, ce qui est ôté aux États c'est la capacité de s'opposer à la décision prise.

Du point de vue de l'analyse politiste, Ernst Haas[189] s'est intéressé à la supranationalité en se basant sur une distinction entre les aires de pouvoir centrale et locale. Selon lui, la supranationalité se situe entre l'organisation internationale et la fédération, c'est-à-dire lorsqu'on dépasse l'organisation internationale classique mais que l'on n'a pas encore les caractéristiques – souveraines – de la fédération. En d'autres termes, la CECA – objet de son analyse – ne serait pas supranationale parce que l'essentiel des pouvoirs ne lui a pas été délégué par les États[190], et que dans des situations cruciales, le dernier mot revient toujours aux représentants de ces derniers[191]. Mais outre ce point de vue structurel, il considère aussi la supranationalité d'un point de vue opérationnel, et conclut qu'elle dépend du comportement des personnes et groupes de personnes[192]. Il n'y aurait ainsi supranationalité que lorsque les États ont transféré des éléments essentiels de leur souveraineté à l'organisation. Mais d'une part, dès lors que l'on évoque « l'essentiel », on introduit un élément de subjectivité dans la mesure où la description de cet essentiel n'est pas univoque. D'autre part, les modalités de l'exercice

188 K. von Lindeiner-Wildau, La supranationalité en tant que principe de droit (aspects européens), Leyden, Sijthoff, 1970.

189 E.B. Haas, The uniting of Europe. Political, social and economic forces 1950–1957, Stanford university press, 2e edition, 1968, pp. 32–59.

190 "The member states have yielded their former ability to control the production, pricing, marketing and distribution of coal and steel (...). Yet they clearly have *not* yielded their ability to control the economic conditions under which coal and steel are produced and sold: monetary, fiscal, foreign economic, wage and social welfare policy" (Ibid, p. 58)

191 *Ibid.*, p. 59 : "final power of decision rests with a majority of the instructed states representatives in the Council of Ministers".

192 « (...) depends on the behaviour of men and groups of men », *idem*, p. 59.

du pouvoir de décision attribué à l'organisation ne sont pas non plus une condition de l'existence de la supranationalité, dès lors que l'autonomie de l'instance collective est établie. Ainsi, le fait que le pouvoir de décision soit exercé par les représentants des États réunis au sein d'un organe de la communauté n'enlève rien au caractère supranational de celle-ci dès lors que les décisions de cet organe engagent les États immédiatement, sans être soumises à une acceptation ultérieure de leur part. La mise en commun par les États membres de l'organisation de leur souveraineté dans certains domaines les conduira à décider ensemble, ce qui constitue le socle de supranationalité. Celle-ci ne se présente donc pas toujours ou uniquement sous la forme d'un exécutif central indépendant, mais aussi comme une supranationalité exercée en commun[193]. La supranationalité peut ainsi être exercée en partage, ce qui constitue une perception différente de la part des États pas toujours prêts à se soumettre à la décision d'une tierce instance.

La supranationalité réunit donc en définitive deux principaux critères : d'une part l'autonomie d'un centre de décision par rapport aux volontés des États membres et, d'autre part, la capacité de ce centre de décision à contraindre lesdits États. Elle peut donc être différente dans ses formes et, surtout, variée dans son intensité. Elle peut alors se mesurer.

C'est ce à quoi s'est attelée une équipe de politistes[194]. Étudiant le changement institutionnel dans les organisations régionales à travers un important échantillon sur la période 1950–2010, ils ont relevé que certaines organisations n'ont connu qu'une évolution institutionnelle très faible voire nulle, tandis que d'autres ont vu au contraire un net renforcement progressif des institutions communes. S'appuyant sur la théorie économique des

---

193 Ainsi, les organes intergouvernementaux, tels que des conseils de ministres, sont formellement des tiers par rapport aux États, mais sont matériellement la somme des représentants des États : pour des États "**A**", "**B**" et "**C**" qui créent une organisation, le conseil des ministres est donc juridiquement "**D**", mais substantiellement "**ABC**".

194 G. Marks, T. Lenz, B. Ceka et B. Burgoon, « Discovering cooperation: a contractual approach to institutional change in regional integration organizations », European University Institute Working Papers, Robert Schuman Center for advanced Studies, Global Governance Programme-113, RSCAS 2014/65, 35 p. (disponible sur le site dédié de l'Institut Universitaire Européen de Florence : http://cadmus.eui.eu//handle/1814/31551). L'étude est prolongée et achevée dans un ouvrage récent de L. Hooghe, G. Marks, T. Lenz, J. Bezuijen, B. Ceka, S. Derderyan, *Measuring International Authority: A Postfunctionalist Theory of Governance*, vol. III (Oxford University Press, août 2017, 928 p.).

contrats, les auteurs privilégient comme explication de ces variations des facteurs *endogènes* résultant du type de *contrat* reliant les différentes parties[195]. Schématiquement, un *contrat* peut être complet, incomplet ou intermédiaire. Rapporté aux rapports interétatiques, dans le premier cas, les États sont engagés sur des objectifs et les conditions de leur réalisation clairement spécifiés[196], tandis que dans le second, la finalité est vague, le processus est ouvert, le périmètre des acteurs non clos, et la durée du processus indéterminée[197]. Le *contrat* intermédiaire quant à lui engage les États à collaborer sur des objectifs partiellement définis.

Sur ces bases, l'étude mesure la *délégation* qui consiste à habiliter un organe tiers par rapport aux États, structure de l'organisation, à proposer, concevoir, élaborer les éléments nécessaires à la réalisation du *contrat*[198]. Cette délégation, juridiquement traduite par le transfert ou l'attribution de compétences, peut donc comporter plus ou moins d'éléments, déterminant alors le degré de supranationalité de l'organisation. Les éléments mesurant le degré de supranationalité sont identifiés à travers les attributions des organes exécutifs, parlementaires, consultatifs ou juridictionnels. L'implication de l'organe régional dans l'adhésion de nouveaux membres, les révisions des traités, la sanction de la violation des obligations conventionnelles, l'initiative législative ou budgétaire, les pouvoirs exécutifs, etc. sont autant de facteurs pris en compte. Sur ces bases, les auteurs définissent un degré de délégation, ainsi que sa variation dans le temps, au gré des modifications des *contrats*. Sur une échelle de 0 à 6, ils montrent que les organisations fondées sur un *contrat* de type incomplet (type 3) atteignent en général un niveau de délégation plus élevé que dans les *contrats* complets ou intermédiaires :

195 G. Marks *et al.*, *op. cit.* p. 2. Le contrat étant entendu ici au sens économique, nous n'utilisons pas à dessein les termes juridiques adaptés (« convention » ou « traité »).

196 « *Relatively complete contracts identify the means to achieve cooperation in a given set of policy areas* » (G. Marks *et al.*, *op. cit.* p. 9). Un contrat complet peut être *contingent* c'est-à-dire réglant toutes les hypothèses entre les parties, ou *compréhensif*, lorsqu'il y a une asymétrie d'information entre les parties et que subsistent alors des variables non vérifiables (voir C. Chaserant, « Les fondements incomplets de l'incomplétude : Une revue critique de la théorie des contrats incomplets », *L'Actualité économique*, 2007, vol. 83, n° 2, pp. 227–253).

197 « A contract is highly incomplete if it commits states to a vague purpose – e.g. a "community of peoples" or "ever closer union" – to be achieved by unspecified actors through an open-ended process. The focus is on the process, not the result, because the result is indeterminate » (Marks *et al.*, p. 10).

198 Hooghe, Marks *et al.*, *Measuring international authority*, *op. cit.*, chapitre1.

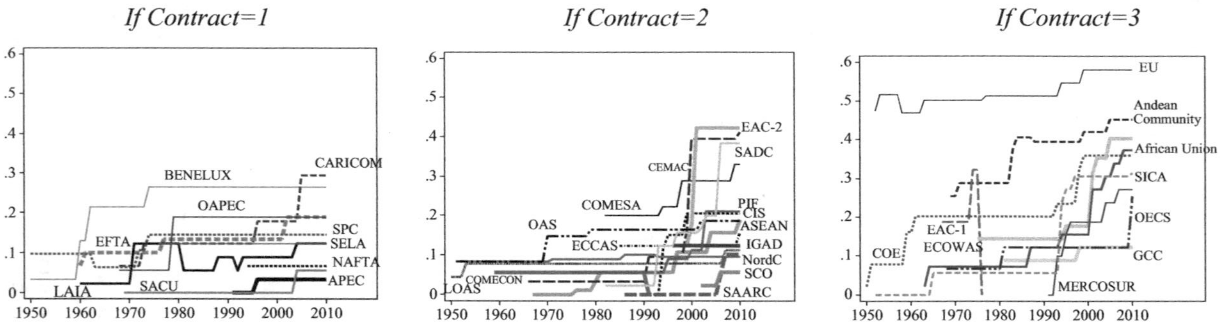

Figure 4: Delegation in 35 regional international organizations (1950–2010) by contract at founding [Marks et al., 2014, p.11]

Ces éléments appellent plusieurs remarques. Il apparaît d'abord qu'une grande majorité des organisations régionales, 71 % de l'échantillon, sont de type *intermédiaire*. Ensuite, de façon globale, le taux de délégation est plus élevé dans les organisations d'intégration que dans les organisations de coopération : seules 13 % de ces dernières atteignent un taux de délégation égal ou supérieur à 3 (sur l'échelle de 0 à 6), contre 45 % pour les premières. Troisièmement, outre la mesure de la supranationalité, c'est la qualification des types de contrats et la caractérisation des rapports entre les parties qui sont tout aussi intéressants ici. On observe que sur les onze organisations régionales africaines étudiées, une seule est de type *complet*[199], et trois de type *incomplet*[200] ; la majorité étant donc de type *intermédiaire*. Enfin, concernant spécifiquement les organisations africaines d'intégration, toutes à l'exception de la CEDEAO font partie de la catégorie *intermédiaire*.

Le schéma institutionnel, pour les auteurs de l'étude, dépend directement du type de contrat : les contrats complets ne nécessiteraient qu'un schéma institutionnel léger, tandis que les *contrats* incomplets ou intermédiaires recourraient à des structures plus ou moins fortes et évolutives : les auteurs démontrent que les contrats incomplets sont plus enclins à permettre des changements institutionnels endogènes.

Par ailleurs, l'étude considère que le contrat incomplet se retrouve davantage dans des contextes où les acteurs partagent des liens historiques et/ou institutionnels existant avant le *contrat*, tels qu'un passé colonial par exemple. Parce que les protagonistes sont issus d'un même cadre historique, juridique et institutionnel, ils peuvent se permettre un cadre contractuel *a minima* :

199 La délégation au sein de la SACU est par ailleurs très faible, puisque le Secrétariat n'a qu'un rôle de coordination et d'application des décisions du Conseil des ministres et que, de plus, il n'existe pas de tribunal permanent mais la possibilité de confier des différends des tribunaux ad hoc formés par les États (articles 10 et 13 du traité de Gaborone du 21 octobre 2002).

200 Dont une, l'EAC, qui est devenue de type *intermédiaire* après sa réactivation en 1996.

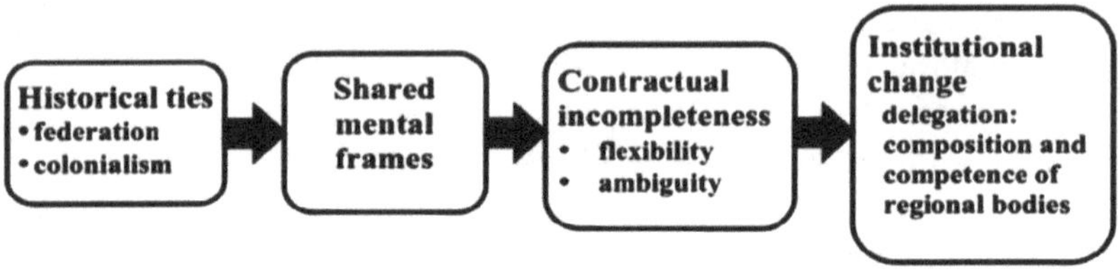

Figure 5: A Model of Institutional Change
(G. Marks et al., 2014, p. 7)

Tel est le cas de la plupart des États africains engagés dans des processus régionaux d'intégration, dont les organisations d'intégration ont repris la configuration et les acquis de regroupements coloniaux. En Afrique centrale et occidentale, la puissance coloniale française avait constitué deux grands ensembles territoriaux, l'Afrique occidentale Française en 1895 et l'Afrique Équatoriale Française en 1910. Regroupant sous une même administration les différents territoires coloniaux ou sous tutelle[201], chacune de ces fédérations était placée sous l'autorité d'un gouverneur. Elles ont administrativement fonctionné comme une entité homogène : les personnels locaux étaient en effet indifféremment affectés dans l'un ou l'autre des territoires[202], sans considération de leur territoire d'origine. Et la circulation des marchandises y était libre, avec une réglementation douanière unique, matrice du Code des douanes commun de l'Union Douanière et Économique de l'Afrique centrale en 1964 et de la convention régionale de l'Union douanière de l'Afrique de l'Ouest[203]. Accédant par la suite à l'indépendance, les territoires composant ces Fédérations ont prolongé l'expérience par la création d'organisations régionales d'intégration : l'UDE, puis l'UDEAC en Afrique centrale, l'UDAO puis la CEAO en Afrique de l'Ouest.

La situation est comparable en Afrique de l'Est. Et l'historique en est retracé dans le préambule du traité de l'EAC. Le texte indique que

201 En Afrique centrale, quatre des cinq territoires concernés étaient en effet des colonies, l'autre un territoire sous tutelle des Nations Unies, que la France a progressivement rattaché administrativement à la Fédération.

202 Voir J.-B. Norodom Kiari, L'intégration régionale en Afrique centrale (…), *op. cit.*, pp. 43 et s. A. Sall, Les mutations de l'intégration des États en Afrique de l'Ouest. Une approche institutionnelle, Paris, L'Harmattan, 2006, pp. 6–7.

203 Voir *supra*, note 166.

« *l'intégration économique et sociale formelle a commencé avec, entre autres, la construction du chemin de fer Kenya–Ouganda en 1897–1901, la création de [...] l'Office monétaire d'Afrique de l'Est en 1905, l'Union postale en 1905, la Cour d'appel pour l'Afrique de l'Est en 1909, l'Union douanière en 1919 [...], l'Office est-africain de l'impôt sur le revenu en 1940* ». L'EAC est donc un prolongement de cette structuration par la puissance coloniale britannique. En 1961 a en effet été créée l'organisation des services communs d'Afrique de l'Est, puis le traité de l'EAC a été adopté en 1967 afin de « *contrôler et administrer des domaines d'intérêt commun* »[204]. On pourrait rajouter le fait que l'Union douanière d'Afrique australe, la SACU, est la continuation d'engagements coloniaux[205].

Le modèle institutionnel découlerait donc du niveau d'engagement des États dans le processus d'intégration : plus le transfert de compétences vers l'organisation est important, plus les institutions de cette dernière devraient être fortes et bénéficier de pouvoirs conséquents. Il devrait surtout découler de l'*idée d'œuvre*, telle que nous l'avons identifiée plus haut. Plus le domaine *essentiel* est étendu, plus le degré de supranationalité devrait être élevé, et plus le centre de décision commun devrait être important, qu'il soit confié à un organe indépendant au sein de l'organisation ou à un organe représentatif des États en son sein.

Le processus d'intégration nécessite l'acceptation d'un modèle institutionnel supranational qui, quel qu'en soient les caractéristiques, est fondé sur l'acceptation de l'ensemble des États partenaires de se soumettre à un pouvoir tiers, auquel ils vont ou peuvent par ailleurs participer. Cette acceptation peut être renforcée par le fait que les États membres se sentent impliqués dans le fonctionnement institutionnel, mais le modèle fonctionnera d'autant mieux qu'il sera pleinement *approprié*. Gustave-Nicolas Fischer considérait l'appropriation, on l'a vu, comme « *l'expression d'une intervention possible sur la réalité contraignante par laquelle se joue la reconstitution partielle du moi, brisé par l'espace taylorien* »[206]. Si l'intégration régionale n'a rien de taylorien, la conception

204 Les Etats originairement membres de l'EAC ont accédé à la souveraineté en 1963 (Kenya), 1962 (Ouganda) et 1961 (Tanzanie).

205 « *perpetuation of arrangements that date back to colonial period* » ; D.C. Bach, « Revisiting a paradigm », in Ph. De Lombaerde et F. Söderbaum, *Regionalism*, *op. cit.*, vol. III, p. 481.

206 G.-N. Fischer, *Psychologie des espaces de travail*, *op. cit.*, p. 142.

de Fischer reste adaptable ici dans la mesure où le « marquage » permet de construire « *un territoire de la possession* », car les marqueurs « *signifient une mainmise sur l'espace* »[207]. Le contrôle par les différents acteurs du mécanisme institutionnel est fondamental, pour atténuer l'impression de *soumission* et renforcer au contraire celle de *participation*. Et de ce fait, la supranationalité sera donc d'autant plus acceptée qu'elle sera partagée et répartie.

Le partage et la répartition sont alors deux *marqueurs* pour l'appropriation par les États du système institutionnel de l'intégration. À travers eux, ils évitent de *subir* la logique de la supranationalité institutionnelle pour en faire un élément de leur *identité*. C'est la solution adoptée par exemple par la Communauté des Caraïbes. Par le *Consensus de Chaguaramas*[208], les États membres ont créé un *Quasi-Cabinet* au sein duquel les Chefs de gouvernement se sont attribué la responsabilité d'un ou plusieurs domaines au nom de la Communauté dans le cadre d'un portefeuille de type gouvernemental. Le *Quasi-Cabinet* n'est pas un organe exécutif ; il pilote et coordonne la politique de la Communauté dans les différents portefeuilles et répartit le leadership :

207 G.-N. Fischer, *La psychosociologie de l'espace*, *op. cit.* pp. 90–91.

208 CARICOM, 7e Session Spéciale de la Conférence des Chefs de Gouvernement de la CARICOM, Chaguaramas, (Trinité-et-Tobago) 26–27 octobre 1999.

Tableau 3: CARICOM : Répartition des portefeuilles du Quasi-Cabinet (Caricom, juillet 2010)[a]

	PORTFOLIO	COUNTRY
1	Services	Antigua and Barbuda
2	Tourism (including Land, Cruise, ACP/EU Partnership Agreement provisions, etc.)	The Bahamas
3	Single Market and Economy (including Monetary Union)	Barbados
4	Justice and Governance	Belize
5	Labour (Including intra-Community Movement of Skills)	Dominica
6	Science and Technology (including Information and Communications)	Grenada
7	Agriculture, Agricultural Diversification and Food Security (including the Regional Transformation Programme (RTP) and Bananas)	Guyana
8	External Trade Negotiations	Jamaica
9	Human Resource Development, Health and HIV/AIDS	St. Kitts and Nevis
10	Sustainable Development (including Environment and Disaster Management and Water)	Saint Lucia
11	Transport (Maritime and Aviation)	St Vincent & Grenadines
12	Community Development and Cultural Cooperation (including Culture, Gender, Youth and Sport)	Suriname
13	Energy	Trinidad and Tobago
14	Security (Drugs and Illicit Arms)	

[a] Telle qu'elle résulte de la 31e réunion ordinaire de la Conférence des Chefs de Gouvernement de juillet 2010 (https://caricom.org/our-community/who-we-are/quasi-cabinet-portfolio-allocation/)

Cette solution a l'avantage de faire participer directement les responsables politiques nationaux à la marche de la Communauté, tout en étant sous le contrôle mutuel des autres. Chaque responsable rend en effet compte à la Conférence des Chefs de Gouvernement, qui « *détermine et établit les grandes lignes de la politique de la Communauté* »[209]. Les portefeuilles sont attribués aux États, et non en considération de compétences éventuelles des dirigeants de ceux-ci, ce qui garantit une certaine stabilité. Cette

209 Article 12 § 2 du Traité de la Communauté.

implication des dirigeants nationaux est de nature à faire reculer les réticences vis-à-vis d'un organe supranational indépendant, qui serait perçu comme portant atteinte à la capacité d'initiative et de décision des États. Comparée à un conseil ou une conférence classique des Chefs d'État, la solution caribéenne renforce l'appropriation de l'intégration, dans la mesure où elle fait des responsables nationaux des protagonistes actifs du processus. Une telle structuration est de meilleur aloi dans les organisations dont les dirigeants des États membres sont à la fois réticents à partager le pouvoir avec un organe indépendant, mais sont relativement *passifs* dans l'impulsion politique, qui se limite parfois majoritairement à l'adoption de mesures organiques ou d'orientations générales. Un organe tel que le *Quasi-Cabinet* permettrait parallèlement de s'assurer de la dimension collective de l'impulsion politique, puisque chaque responsable d'État serait responsable devant ses pairs. Le système est comparable au *Mécanisme Africain d'Évaluation par les Pairs* (MAEP) existant au sein de l'Union africaine, à la différence que dans le *Quasi-Cabinet*, les pairs discutent et approuvent collectivement une orientation collective proposée par l'un d'eux, en leur nom. À la différence aussi que la supranationalité partagée et répartie n'est pas une option offerte aux États membres, mais un mode de fonctionnement institutionnel d'un organe communautaire.

Une telle approche n'exonère pas de la mise en place d'un organe exécutif indépendant, doté d'un pouvoir de proposition et/ou d'initiative, ainsi que d'une compétence d'exécution des décisions des organes habilités à les prendre. L'étendue des pouvoirs et compétences attribués à cet exécutif devrait correspondre elle aussi au degré d'acceptation commune par les acteurs étatiques, afin d'en assurer l'effectivité.

En définitive, le modèle institutionnel devrait être basé sur deux idées principales :

- Le reflet de l'engagement des États membres (prise en compte des domaines mis en commun et adaptation à la nature de ces domaines – *essentiel*, *accompagnement* ou *périphérique*)
- La recherche d'une efficacité et d'une effectivité réelles à travers une certaine irréversibilité des engagements pris, que l'on obtient par un contrôle mutuel de l'intérêt général

Mais si le modèle institutionnel doit tenir compte de la capacité des États à accepter des initiatives voire des décisions provenant d'un organe tiers, et s'adapter en conséquence, il doit aussi intégrer la capacité des acteurs institutionnels à assumer les charges qui leur sont confiées. Les transferts de compétences à l'organisation régionale doivent se faire en s'assurant que cette dernière se verra doter des capacités appropriées pour assurer les charges liées à l'exercice desdites compétences et donc que les États membres sont prêts à assumer ces transferts. Le niveau de formation des personnels et cadres, les effectifs mobilisables, les moyens matériels nécessaires, toutes choses qui, dans un contexte de pays en développement, peuvent être difficiles à assurer, devraient être pris en considération en amont.

Le choix du système institutionnel de l'organisation régionale ne peut donc pas se faire uniquement par transposition mimétique, chaque contexte devant imprégner le schéma retenu. Et s'il est difficile d'assurer un système efficace, c'est aussi parce qu'il faut organiser les rapports entre les États et l'organisation régionale, et définir leurs rôles respectifs. La subsidiarité apparaît alors comme un instrument opportun.

Paragraphe 2. L'opportunité d'une subsidiarité

Le principe de subsidiarité « vise principalement à limiter les pouvoirs de l'échelon supérieur, qui va se trouver en quelque sorte réduit à une simple force d'appoint ; ce dernier ne sera donc autorisé à agir que s'il peut être en mesure de le faire avec plus d'efficacité que les échelons inférieurs. Il s'agit d'éviter que le somme [...] n'étouffe les initiatives de la base [...] ». C'est ainsi que Jean-Louis Clergerie définit d'emblée la subsidiarité dans l'ouvrage qu'il lui consacre[210]. C'est donc un principe de répartition des initiatives et des actions politiques entre différents niveaux. Et c'est bien dans ce sens et dans cette optique que le processus européen d'intégration s'y est référé. Que ce soit dans le traité de Rome tel que révisé par l'Acte unique européen du 17 février 1986, ou par le traité de Maastricht du 7 février 1992, il s'agissait de limiter les interventions des instances européennes et de laisser une marge de manœuvre plus large aux États. La première formulation du principe dans le droit originaire européen a été en effet celle de l'ex-article 134 R § 4 du traité de Rome qui, en matière d'environnement, réservait l'intervention de la Communauté européenne aux cas où « les objectifs [...] peuvent être mieux réalisés au niveau communautaire, qu'au niveau des États membres pris isolément ». Le traité de Maastricht en 1992

---

210 J.-L. Clergerie, *Le principe de subsidiarité*, Paris, Ellipses, 1997, p. 7.

reprend cette logique et associe la subsidiarité aux principes d'attribution et de proportionnalité : l'action de la Communauté se limite aux « compétences qui lui sont conférées et des objectifs qui lui sont assignés par le présent traité », n'excède pas « ce qui est nécessaire pour atteindre les objectifs du présent traité » et, sous réserve de sa compétence exclusive, ne se justifie « que si et dans la mesure où les objectifs de l'action envisagée ne peuvent pas être réalisés de manière suffisante par les États membres et peuvent donc, en raison des dimensions ou des effets de l'action envisagée, être mieux réalisés au niveau communautaire »[211]. L'énonciation de ce principe est encore élargie en 2007 dans le traité sur l'Union européenne de Lisbonne qui, tout en confirmant son rattachement aux principes de proportionnalité et d'attribution[212], précise que l'efficacité de l'action de l'Union s'apprécie non seulement par rapport à celle des États mais aussi à celle des échelons infra-étatiques « régional et local »[213]. Il s'agit donc bel et bien de contenir l'action de l'Union en obligeant cette dernière à justifier l'opportunité de son intervention dans l'exercice des compétences qui lui sont attribuées en même temps qu'aux États.

Le principe de subsidiarité n'est pas très présent dans les traités des organisations africaines d'intégration, tout comme n'y est pas clairement affichée la répartition des compétences entre les organisations régionales et les États qui les ont créées, dont il est censé faciliter l'exercice. Pour autant, les deux niveaux d'action coexistent bel et bien. Et la façon particulière dont ils sont articulés met en lumière la nécessité d'une régulation adaptée.

A. *La répartition des compétences dans les communautés économiques africaines*

L'énumération des compétences des communautés africaines n'est pas clairement exposée dans les traités, pas plus que leur répartition entre l'organisation régionale et les États membres. Aucun des traités analysés ne présente de liste comparable à celle des traités de l'Union européenne[214]. La problématique n'est pas pour autant absente

211 Article 3B du traité de Rome modifié en 1992 par le traité de Maastricht.

212 Les trois principes sont présentés comme régissant l'attribution et l'exercice des compétences de l'Union

213 Article 5 TUE.

214 Cette dernière liste n'est d'ailleurs qu'un apport de la refonte de Lisbonne en 2007.

du fonctionnement d'organisations qui regroupent des États qu'on sait un peu trop soucieux de leur souveraineté… En l'absence de précision dans les traités, c'est dans le droit dérivé et la jurisprudence que l'on est amené à trouver des éléments de décryptage.

La législation douanière de l'Afrique centrale fournit des éléments de lecture. Le code communautaire des douanes institue et organise la possibilité pour les personnes poursuivies pour infractions douanières de transiger[215]. La compétence pour transiger est déterminée en fonction de l'impact sur plusieurs États ou sur un seul. Dans le premier cas, la compétence revient aux instances communautaires (Conseil des ministres ou Commission selon le montant en cause). Dans le second cas, c'est l'État qui est compétent (ministre des Finances ou directeur des douanes en fonction des montants). Cette répartition *quantitative* est comparable à celle qui a été utilisée pour déterminer le champ d'application de la compétence communautaire en matière d'abus de position dominante. On peut donc y voir un critère de répartition des compétences entre la Communauté et les États membres, dans les domaines où l'action des deux échelons est possible.

De son côté, la Cour de l'UEMOA a été amenée à se prononcer sur la répartition des compétences précisément en matière de concurrence. Elle a conclu, après des développements conséquents, à l'existence de compétences exclusives au profit de l'Union[216]. Mais au-delà de ce domaine d'application spécifique, l'avis rendu présente un intérêt bien plus général. D'abord par la démarche comparatiste des juges, qui a pu être justement critiquée[217], mais aussi par une dimension qui est passée inaperçue : il tente d'identifier quelques règles de répartition applicables dans l'hypothèse, qu'il met en lumière, de « coexistence » de compétences.

Sur un plan général, la Cour commence par constater que

> les dispositions du Traité de l'UEMOA ne sont pas très explicites en matière de répartition des compétences entre l'Union et les États qui ont entendu transférer partie de leurs droits souverains au profit de la Communauté. Les principes en ce domaine sont dégagés de l'esprit et de la lettre des différentes dispositions du Traité, qui en effet, s'est en général contenté de mettre en évidence certains principes de base, de fixer des objectifs précis à l'Union.

---

215 Code des douanes de la CEMAC, article 328.

216 CJ UEMOA, avis n° 03/2000 sur les compétences en matière de concurrence, 27 juin 2000, Rec. p. 119.

217 Alioune Sall, *La justice de l'intégration*, Dakar, L'Harmattan, 2e édition, p. 146.

Elle relève ensuite que

> le Traité a mis à la disposition des organes de l'Union, *des instruments juridiques appropriés et des techniques juridiques comme les directives et les prescriptions minimales* pour l'accomplissement de ces missions, tout en prescrivant aux organes d'agir dans les limites des attributions à eux conférées et aux États d'apporter leur concours à la réalisation des objectifs définis et surtout de s'abstenir de prendre des mesures inhibitives de l'application du Traité et des actes pris en son application.

Par ailleurs, souligne-t-elle, les compétences attribuées à la Communauté « peuvent coexister avec des compétences portant sur le même objet ***reconnues aux États membres mais, exercées à l'échelle nationale*** parce que [...] réputées n'avoir aucun objet communautaire ni d'effet susceptible d'influer sur les relations entre les États membres »[218]. Dans cette hypothèse, le droit national sera alors « d'application subsidiaire et interne », précise-t-elle. Surtout, ajouterait-on, l'action des États pourrait être contestée par les instances de la Communauté sur la base d'un risque d'atteinte à l'intégrité de l'action régionale. Il est donc important, en raison de ce risque d'interventions croisées de l'Union et des États, de fixer des principes directeurs. Les juges en déterminent deux :

- d'une part, l'*auto-limitation législative* des instances communautaires à travers l'usage de « directives » ou de « prescriptions minimales »
- d'autre part l'*application subsidiaire des actes nationaux* pouvant avoir une incidence sur les compétences reconnues à l'Union, afin de respecter les compétences attribuées aux institutions de cette dernière.

Dans d'autres domaines, le traité n'institue qu'une coopération entre les États, et charge la communauté de les assister à la fois pour une mise en compatibilité de leurs actions et pour leur fournir une assistance technique en cas de besoin. À côté de ces domaines d'exercice conjoint, il en existe bien entendu d'autres qui confèrent à l'organisation régionale une exclusivité des compétences[219]. En tant que principe de répartition et de régulation entre différents acteurs, la subsidiarité ne peut toutefois être envisagée que dans les deux premiers cas. Et ce sont les deux axes

218 L'emphase est nôtre.

219 C'est le cas des règles de concurrence en Afrique de l'Ouest, selon l'avis du 27 juin 2000.

possibles de coopération qui devraient en guider la conception théorique – et pratique.

B. Une approche duale de la subsidiarité

Le principe de subsidiarité a une existence plutôt discrète dans les traités africains d'intégration[220]. Seul celui de l'EAC y fait une référence précise, mais son énonciation est différente de la formulation européenne[221]. L'article 7 du traité d'Arusha cite en effet parmi les « *principes opérationnels* » de la Communauté « *le principe de subsidiarité avec un accent sur une participation à plusieurs niveaux et l'implication d'un large spectre de parties prenantes dans le processus d'intégration* »[222]. Cette disposition ne définit donc pas en tant que tel l'ordre de priorités entre les niveaux communautaire et infra-communautaires[223]. Et ni le droit dérivé, ni la jurisprudence de la Cour de justice de l'EAC n'apportent pour l'instant de précision sur la portée ou l'application de cette énonciation conventionnelle[224].

Le traité de la SADC quant à lui n'énonce pas le principe de subsidiarité en tant que tel. Il insiste cependant dans son article 23 sur la nécessaire collaboration entre les instances communautaires et les différents acteurs nationaux, en précisant que l'organisation devra « *impliquer pleinement les peuples de la région ainsi que les acteurs clé dans le processus d'intégration régionale* » (§ 1) et « *coopérer avec, et soutenir les initiatives des peuples de la Région et des acteurs clé, contribuant aux objectifs du présent traité dans les domaines de coopération en vue de renforcer les relations entre les*

220 Pour une présentation d'ensemble, voir Andreas von Staden, « Subsidiarity in regional integration regimes in Latin America and Africa », *Law and Contemporary Problems,* vol. 79–27, n° 2-2016, pp. 27–52.

221 Voir Elvis Mbembe Binda, « The legal framework of the EAC », in Emmanuel Ugirashebuja, John Eudes Ruhangisa, Tom Ottervanger, Armin Cuyvers (eds.), *East African Community Law. Institutional, Substantive and Comparative EU Aspects*, Leiden, Brill Nijhoff, 2017, pp. 103–118. Voir aussi, dans le même ouvrage, Khoti Chilomba Kamanga et Ally Possi, « General Principles Governing EAC Integration », pp. 202–216.

222 Point (d) de l'article 7 § 1.

223 Kh. Chilomba Kamanga et A. Possi, « General Principles Governing EAC Integration », *op. cit*, pp. 206–207.

224 E. Mbembe Binda, « The legal framework of the EAC », *op. cit*, p. 111.

communautés, associations et peuples de la région »[225]. C'est donc davantage dans une démarche de concertation que ces dispositions évoquent l'implication de ces différents acteurs non institutionnels.

La CEDEAO enfin ne fait référence au principe de subsidiarité que dans le droit dérivé et dans des documents internes de certaines institutions, sans pour autant que les éléments d'application en soient définis. Cette référence se fait davantage dans une perspective de mise en œuvre des politiques plutôt que dans leur conception[226], et semble avoir une dimension plus administrative que politique.

D'autres traités ont une approche différente. Sans énoncer le principe de subsidiarité en tant que tel, les textes de l'UEMOA et de la CEMAC établissent une limite à l'action communautaire. Dans des formulations quasi identiques, les deux communautés prévoient non seulement que les organes communautaires « agissent dans la limite des attributions qui leur sont conférées par le traité »[227], mais aussi que « [d]ans l'exercice des pouvoirs normatifs que le présent Traité leur attribue et dans la mesure compatible avec les objectifs de celui-ci, *les organes de l'Union favorisent l'édiction de prescriptions minimales et de réglementations-cadres qu'il appartient aux États membres de compléter en tant que de besoin,* conformément à leurs règles constitutionnelles respectives »[228]. Les Conventions de l'Afrique centrale ajoutent par ailleurs que l'Union « *respecte l'identité nationale de ses États membres* »[229]. Les rapports entre les États et les institutions régionales semblent ainsi établis sur une double hypothèse : une priorité conditionnelle de l'action régionale, mais une intervention complémentaire nécessaire des États membres. À travers cette *coopération* entre institutions communautaires et États membres, on perçoit l'existence de compétences dont la réalisation reviendrait prioritairement aux institutions régionales, mais qu'elles n'exerceront qu'en laissant aux États une marge d'application et de mise en œuvre. Aux premières la responsabilité de fixer le cadre et les principes

225 Les acteurs clé dont il est question sont cités au dernier paragraphe, à savoir « (a) le secteur privé (b) la société civile (c) les organisations non gouvernementales (d) les organisations de travailleurs et d'employeurs ».

226 A. von Staden, *op. cit.*, p. 43.

227 Article 16 du traité de l'UEMOA, articles 8 al.1 de la convention de l'UEAC et 2 de celle de l'UMAC.

228 Article 5 du traité de l'UEMOA, et article 8 al.2 de la convention de l'UEAC.

229 Conventions de l'UEAC (art. 8 al.2), et de l'UMAC (art. 2)

fondamentaux, aux seconds de mettre en œuvre sur leur territoire, en respectant les orientations fixées par les premières. La Cour de justice de l'UEMOA en a fait par ailleurs une lecture plus élargie.

Le traité du COMESA enfin n'énonce dans son article 7 § 4 que le principe de proportionnalité : « *les organes du Marché commun exercent leurs fonctions et agissent dans les limites des pouvoirs qui leur sont conférés par le présent Traité ou en vertu de ce dernier* ».

Au-delà de cette diversité, la tendance générale est que les textes – aussi bien à l'EAC qu'à l'UEMOA et à la CEMAC – assujettissent l'action communautaire à la préservation du rôle des instances nationales. L'EAC met une emphase sur la pluralité des acteurs de l'intégration et la nécessité d'une participation plurielle, l'UEMOA et l'UEAC confinent les institutions régionales dans un rôle respectueux de l'action des États sans pour autant que cela indique la priorité. Cette conception se justifie largement dans la mesure où elle découle du principe d'attribution : les États ne vont autoriser l'organisation régionale à agir que par rapport à ce qu'ils attendent d'elle. Mais, en même temps, les traités établissent aussi des domaines de compétences revêtant une importance particulière pour le projet d'intégration, et qui correspondent au domaine *essentiel.* Sans se traduire nécessairement en compétences exclusives, cela nécessite tout au plus l'appui des instances nationales[230], et s'intègre aussi dans l'obligation d'assistance imposée aux États membres, ainsi que celle de s'abstenir de tout ce qui pourrait compromettre la réalisation des objectifs de l'organisation régionale. La subsidiarité devrait donc pouvoir être déclinée sous deux formes : une forme *descendante* qui accorde une priorité au niveau le plus bas, le plus proche de la destination des règles à formuler – en l'occurrence celui de l'État – et une forme *ascendante,* dans laquelle la charge de la preuve de l'efficacité serait inversée parce que la priorité serait au niveau le plus élevé en raison de l'uniformisation recherchée.

La proximité qui justifie la priorité d'action peut tout d'abord être accordée au niveau étatique, les organisations régionales devant alors justifier l'opportunité et l'efficacité de leur intervention. C'est la subsidiarité descendante, la forme la plus commune. C'est elle qui a été instituée notamment au sein de l'Union européenne. Les institutions régionales n'exerceront leurs compétences que lorsqu'elles auront établi

230 Voir en ce sens l'avis précité de la Cour de Justice de l'UEMOA.

que les résultats visés seront atteints avec plus de pertinence par leur action. La priorité est donc accordée aux États qui, sans preuve de l'efficacité des institutions de l'Union, conserveront la légitimité de l'action. Cela suppose que le domaine dans lequel l'action commune est envisagée soit compatible avec de la diversité, inévitable lorsque l'action revient aux États. Aussi, c'est un schéma davantage envisageable en dehors du domaine *essentiel* de l'intégration ; plus on s'éloigne de ce dernier, plus il est possible d'envisager que la mise en œuvre des actions puisse se faire de façon multiforme, chaque État conservant – sous réserve de respecter les obligations découlant du traité – la légitimité d'initiative et de décision. À l'inverse, plus on se rapproche de ce noyau dur, plus la diversité est susceptible d'avoir un effet négatif, et plus la nécessité d'un cadre commun fort s'impose.

D'où une autre approche de la subsidiarité, envisagée cette fois-ci sous le prisme de la priorité communautaire, et qui nécessite trois conditions.

D'abord, la compétence en question doit relever du domaine *essentiel* ou s'en rapprocher. Seule une indispensable homogénéité ou uniformité justifiera une prise de décision coordonnée prioritairement par le niveau régional, l'échelon commun. Et cette homogénéité ne se conçoit que dans des domaines de compétences que les États auront considérés, dans le traité de l'organisation, comme constituant le noyau incompressible du projet d'intégration.

Ensuite le traité doit avoir posé le principe d'une intervention conjointe des États et des institutions régionales dans ce domaine. Il ne s'agit pas ici de la distinction entre la décision et l'exécution, mais plutôt de la possibilité, autant pour les États que pour les institutions régionales, d'exercer un véritable pouvoir de décision. Ce qui se rapproche de la définition européenne des compétences partagées[231], qui semble inspirer également certaines communautés africaines[232]. À cet égard, les initiatives

---

231 Selon l'article 2 § 2 du TFUE, « lorsque les traités attribuent à l'Union une compétence partagée avec les États membres dans un domaine déterminé, l'Union et les États membres peuvent légiférer et adopter des actes juridiquement contraignants dans ce domaine. Les États membres exercent leur compétence dans la mesure où l'Union n'a pas exercé la sienne. Les États membres exercent à nouveau leur compétence dans la mesure où l'Union a décidé de cesser d'exercer la sienne ».

232 Ce serait le cas dans l'EAC, selon l'analyse d'Elvis Mbembe Binda (« The legal framework of the EAC », *op. cit.* p. 103–105).

des États ne seraient envisageables que dans la mesure où les instances régionales ne seraient pas encore en mesure de prendre les dispositions adéquates, ou alors parce que ces institutions communes auraient consenti à laisser les États agir en raison d'une efficacité établie. Toutefois, dans certaines hypothèses, les actions des États et de la Communauté peuvent être conjointes. C'est le cas, en Afrique centrale, pour l'adoption de règles communes nécessaires au bon fonctionnement du marché commun[233] ; ces réglementations, précise le traité, « peuvent prendre la forme de règlements, de règlements cadres ou de directives. Dans ces deux derniers cas, les États membres *complètent* leurs dispositions *et prennent les actes d'application* nécessaires, conformément à leurs règles constitutionnelles respectives »[234]. Le conseil a donc la possibilité d'établir ces règlementations tout seul et entièrement au moyen de règlements, ou de n'en fixer que le cadre, en laissant aux États la compétence aussi bien pour compléter que pour mettre en œuvre. Le traité ne détermine toutefois pas les cas dans lesquels l'institution communautaire peut jouer la partition entière, ce qui suppose une appréciation de l'opportunité de l'intervention des États ou de la Communauté. On peut donc penser, ici, que l'intervention des États ne se justifierait que lorsqu'il aura été prouvé qu'elle produirait des résultats meilleurs que celle de la Communauté.

En dernier lieu, la réalisation de ladite compétence doit pouvoir s'accommoder d'une action conjointe, le cas contraire justifiant la reconnaissance d'une compétence exclusive au profit de la Communauté, qui « s'impose toutes les fois que le fait de laisser aux États, une capacité d'initiative dans le même domaine est incompatible avec l'unité du Marché Commun et l'application uniforme du Droit communautaire »[235].

La subsidiarité ascendante peut ainsi être un moyen efficace d'exercice des compétences concurrentes des communautés. Dans le sillage des dispositions des traités de l'UEMOA et de la CEMAC, cette seconde conception de la subsidiarité prend toute sa place. Dès lors, en effet, qu'il est reconnu aux institutions communautaires la responsabilité de réglementer ou de fixer le cadre que les États devront *compléter* par leur

233 L'article 4 de la convention de l'UEAC dispose, dans son alinéa a), que l'Union Économique « harmonise, dans la mesure nécessaire au fonctionnement du marché commun, les règles qui régissent les activités économiques et financières et élabore à cet effet des réglementations communes ».

234 Article 49 al.2 de la convention de l'UEAC. C'est nous qui soulignons.

235 CJ UEMOA, Avis du 27 juin 2000, précité.

action nationale, il peut être envisagé de poser le principe suivant lequel les États n'interviendraient que dans la mesure où leur action aura été considérée comme mieux à même de servir les objectifs de l'organisation.

C'est dans ce même objectif d'adaptation qu'il convient de rechercher des éléments pour un modèle normatif dans les organisations africaines d'intégration.

Section 2. Le modèle normatif

Définir un modèle normatif nécessite tout d'abord d'identifier les objectifs de l'action normative dans une organisation d'intégration, ce qui n'est pas toujours d'une très grande clarté.

Paragraphe 1. La clarification des objectifs normatifs

Afin d'atteindre les objectifs de l'intégration régionale, les États membres doivent rendre leurs droits nationaux respectifs compatibles entre eux. Cette articulation, nécessaire à la réalisation des objectifs régionaux, peut être obtenue de différentes façons. Et l'observation des différents traités régionaux d'intégration montre une forte diversité dans les termes et donc les objectifs fixés.

A. « Caconymie » dans les traités

Elle peut s'observer dans différentes régions d'Afrique, et en Europe.

1. **En Afrique occidentale**, le Traité de l'UEMOA, par exemple, peut présenter parfois l'uniformisation comme un aspect de l'harmonisation[236], ou assimiler le rapprochement et l'harmonisation[237]. Dans d'autres cas, l'unification semble être la méthode. Par exemple, la législation sur la concurrence n'a été ni harmonisée, ni rapprochée, mais elle a été unifiée. Le Conseil a adopté des réglementations sur le droit de la concurrence et la Cour de justice a établi la compétence exclusive de l'Union, renforcée par le caractère directement applicable

236 « Elle assure aussi l'harmonisation des comptabilités nationales et des données nécessaires à l'exercice de la surveillance multilatérale, en procédant en particulier à l'uniformisation du champ des opérations du secteur public et des tableaux des opérations financières de l'État. » Traité de l'UEMOA, supra note 9, art. 67 § 1 al. 2.

237 *Ibid.*, art. 60.

des règlements dans les États membres[238]. Dans la CEDEAO, le traité ne parle que d'harmonisation, mais dans un cas il stipule que l'harmonisation doit mener à l'unification ; en effet « l'harmonisation des codes nationaux des investissements (doit aboutir) à l'adoption d'un code communautaire unique des investissements »[239].

2. **En Afrique centrale**, la Convention UEAC utilise de nombreuses notions décrivant l'intensité de l'intervention normative de la Communauté : les institutions communautaires harmonisent, encadrent, rapprochent, coordonnent, règlementent ; elles élaborent des politiques communes, des règles communes, des actions communes… Ces différents modes d'intervention semblent de prime abord être articulés de deux façons lors de chacune des trois étapes de la mise en place des objectifs de l'Union économique[240] : d'un point de vue temporel d'une part (progressivité par intensité croissante), les domaines de l'agriculture, de l'élevage, de la pêche, de l'industrie, du commerce, du tourisme, des transports et des télécommunications sont soumis à un *traitement* progressif : dans un premier temps, la Communauté *coordonne* les politiques nationales (art. UEAC 4–b), ensuite, ces mêmes domaines font l'objet d'« *actions communes* » (art. UEAC 5–b), et enfin, l'établissement de « *politiques communes* » (art. UEAC 6 § 2).

   D'un point de vue matériel d'autre part (des actions définies pour des domaines déterminés), d'autres domaines que ceux mentionnés ci-dessus font l'objet d'un traitement différent : si l'article 2-d énumère aux côtés de ces domaines l'énergie, la recherche, l'environnement, l'enseignement et la formation professionnelle, ces derniers secteurs d'activité font l'objet de mesures différentes.

---

238 Cour de Justice de l'UEMOA, 27 juin 2000, Avis consultatif sur l'interprétation des articles 88, 89 et 90 du traité (relatif au droit de la concurrence)

239 Traité de la CEDEAO, art. 3 § 2 point (i).

240 Aux termes des articles 3 à 6 de la convention régissant l'Union Économique de l'Afrique centrale, la réalisation des objectifs de l'Union devrait se faire en trois étapes. La première, d'une durée de 5 années, vise à mettre en place le cadre normatif (harmonisation des règles relatives aux activités, démarrage de la coordination des politiques nationales, etc.) nécessaire à l'établissement, pendant la seconde phase d'une durée de 5 années elle aussi, à partir de la fin de la première, de la libre circulation des biens, services, capitaux et personnes. La troisième et dernière étape est celle de « l'achèvement du programme des deux premières étapes » (article 6 al.1 convention UEAC).

Une première observation montre ainsi deux degrés d'intervention : les « *actions communes* » d'une part, les « *politiques communes* » d'autre part. Si l'on rapproche cette classification de la structure de la convention (et notamment des intitulés de son Titre II[241]), on serait tenté de conclure que *les actions communes* visent les « politiques sectorielles ».

Une observation plus attentive permet toutefois de constater que sous les « *politiques sectorielles* » se retrouvent finalement des réalités différentes ; la politique sectorielle dans le domaine de l'agriculture, de l'élevage et de la pêche par exemple se traduit, lors de la dernière étape de mise en place de l'Union, par « *l'élaboration des lignes directrices de la politique agricole, pastorale et piscicole commune* »[242], tandis que dans le domaine de l'énergie par exemple, il s'agira, en plus d'assurer la « *coordination des politiques énergétiques des États membres* »[243], de veiller « *à la gestion optimale et au développement des ressources énergétiques des États membres* »[244].

3. **En Afrique de l'Est**, le traité de l'EAC fait également référence aussi bien à l'uniformisation qu'au rapprochement et à l'harmonisation. Ce dernier terme est indiscutablement le plus utilisé dans le traité, mais il l'est dans des sens parfois différents.

   L'harmonisation y fait tout d'abord référence à l'action des États pris séparément. Il en est ainsi en matière de coopération juridique et judiciaire entre les États membres ; ces derniers s'engagent à « harmoniser leurs lois nationales en relation avec la communauté » via leurs « institutions nationales appropriées »[245]. L'harmonisation procède donc ici de l'activité des États dans le cadre de l'exercice de leur compétence nationale. Ils doivent simplement s'assurer, en exerçant cette compétence réservée, que les textes nationaux en rapport avec les domaines de compétence de la Communauté sont compatibles avec ceux-ci.

---

241 Le Titre II de la Convention UEAC comporte en effet trois chapitres consacrés successivement aux « politiques communes », aux « politiques sectorielles » et aux « règles communes ».

242 Article 35 § 2 de la Convention UEAC. C'est nous qui soulignons.

243 Article 37.

244 Article 38. Les objectifs sont tout aussi *lâches* dans les domaines de la protection de l'environnement (art. 40 et 41) ou encore du tourisme (art. 45 et 46).

245 Article 126 § 2 point b du traité de l'EAC.

Dans d'autres cas, l'harmonisation résulte d'une action au sein de la Communauté. Le traité précise ainsi par exemple que, dans le domaine de la libre circulation des personnes et des services, les États harmoniseront leurs politiques, programmes et législations relatives au travail, y compris concernant la santé et la sécurité professionnelles selon les dispositions que prendra à cet effet le Conseil des ministres[246].

En dehors de ces deux cas de figure, le traité ne mentionne l'harmonisation qu'à travers l'engagement des États à harmoniser, sans autre précision. C'est le cas par exemple en matière de transport multimodal[247], de professions transitaires et douanières[248], de services postaux ou de tarifs de télécommunications[249], ou encore d'éducation[250], de contrôle zoo- et phytosanitaires ou de sécurité alimentaire[251].

De ces dispositions, on peut raisonnablement déduire qu'il y a effectivement trois voies « d'harmonisation » dans le cadre de l'EAC : soit les États sont appelés à rendre leurs législations nationales compatibles avec l'objet de la Communauté, soit ils œuvrent ensemble dans ce sens au sein des instances de la Communauté, soit enfin ils le font sous l'autorité du Conseil des ministres de la Communauté. Ces trois hypothèses, bien que référencées dans le traité sous la même appellation, ne recouvrent évidemment pas les mêmes réalités en termes d'activité législative.

Mais le traité prévoit aussi de l'uniformisation. Dans le domaine du transport multimodal (sous un autre angle), les États se sont engagés à appliquer des *lois et règlements uniformes* concernant l'emballage, l'étiquetage et le chargement des marchandises[252]. De même, pour

---

246 Article 104 § 3 point (e) : "The Partner States shall *as may be determined by the Council* [...] harmonise their labour policies, programmes and legislation including those on occupational health and safety".

247 Article 95 point (a).

248 Article 97 § 1.

249 Articles 98 et 99

250 Article 102 § 2 point (e)

251 Respectivement les articles 108 et 110 du traité.

252 Article 95 point (b) : « The Partner States *apply uniform rules and regulations* with respect to the packaging, marking and loading of goods ».

une gestion durable des ressources naturelles et plus spécifiquement forestières, les États s'engagent à établir des « règles uniformes »[253]. Il est également fait mention à plusieurs reprises de « politiques communes », sans que cela ne renvoie à l'adoption d'un cadre unique défini au plan de la Communauté, mais plutôt d'engagements d'agir selon des principes communs.

4. **En Europe** enfin, le traité sur le fonctionnement de l'Union européenne utilise les notions de *coordination* (ex. TF5 § 2–3), de *reconnaissance mutuelle* (TF81 § 2), d'*harmonisation* (TF149), de *rapprochement* (TF151 al.3), d'*uniformisation* (TF2017 § 1). Mais derrière cette diversité de notions, se cache un usage parfois difficile à appréhender. Ainsi, les dispositions législatives, réglementaires ou administratives des États membres peuvent faire l'objet de coordination (TF53 § 1), de rapprochement (TF151 § 3) ou d'harmonisation (TF149). Parfois, il est fait recours successivement à des notions différentes pour une même action ; l'article TF114 évoque par exemple le rapprochement des mesures législatives, administratives et réglementaires (§ 1) puis leur harmonisation (§ 4–5), laissant penser qu'il s'agit de synonymes. Toutefois, l'article TF40 fournit une illustration des différents degrés d'intervention de l'Union ; l'organisation des marchés agricoles peut viser à établir :
   « a) des règles communes en matière de concurrence,
   b) une coordination obligatoire des diverses organisations nationales de marché,
   c) une organisation européenne du marché ».

   En d'autres termes, l'action normative de l'Union peut laisser une place totale (b), partielle (a) ou nulle (c) à l'action des États.

Les droits nationaux peuvent donc être uniformisés, mais ils peuvent aussi conserver leur diversité dans le cadre des règles régionales, laissant à chaque État la possibilité de rapprocher sa législation de ce cadre. Ces formes d'articulation sont exprimées par différents concepts : uniformisation, harmonisation, reconnaissance mutuelle, coordination, rapprochement, dont l'utilisation souvent indistincte dans

---

253 "… (T)he Partner States (…) with regard to the conservation and management of forests, agree to take necessary measures through the *establishment of uniform regulations* for the utilisation of forestry resources in order to reduce the depletion of natural forests and avoid desertification within the Community".

les divers traités rend la compréhension difficile, difficulté que la doctrine a elle aussi du mal à lever.

B. Diversités d'approches doctrinales

La doctrine se montre elle aussi confuse sur cette question, parfois de manière probablement volontaire[254]. Des tentatives de clarifications de ces notions ont pourtant été menées. Ricardo Monaco (1960, p. 61–74), qui a tenté une classification il y a quelques décennies[255], a noté qu'elles se rapportent toutes à des systèmes qui seront appliqués avec des intensités différentes entre des législations qui sont différentes. Pour lui, la *coordination* est la première étape, qui cherche à supprimer les contrastes matériels ou logiques existants entre différentes normes. Le niveau suivant est l'*harmonisation*, grâce à laquelle des normes différentes produisent un effet similaire dans leur application. Une autre étape est le *rapprochement*, qui diffère des deux premiers par sa portée plus large : le rapprochement s'applique aux actes législatifs, aux réglementations et aux actes et pratiques administratifs adoptés par un État membre[256].

Antoine Jeammaud a distingué quant à lui trois situations :

- unification = règles uniques
- uniformisation = règles distinctes mais identiques
- harmonisation = règles distinctes mais équivalentes[257].

Son analyse a eu le mérite de mettre en lumière l'évidente « inconstance terminologique » dans la doctrine et dans les textes conventionnels[258].

254 Katharina Boele-Woelki note par exemple que l'usage des notions d'harmonisation et d'unification peut soit être vague, soit relever d'une dissimulation : "the expression "harmonization" serves to disguise the process of "uniformisation", a reference to which is avoided due to its political relevance" (in *Unifying and harmonizing substantive law and the role of conflict of laws*, RCADI 2009, t.340, p. 297).

255 Riccardo Monaco, « Comparaison et rapprochement des législations dans le Marché commun européen », *Revue internationale de droit comparé*, vol. 12 n° 1, Janvier–mars 1960, pp. 61–74

256 *Ibid.*, pp. 64–65.

257 A. Jeammaud, « Unification, uniformisation, harmonisation : de quoi s'agit-il ? » in F. Osman (dir.), *Vers un code européen de la consommation*, Bruxelles, Bruylant, 1998, p. 35–55 ; p. 47.

258 A. Jeammaud, *op. cit.* pp. 48 et s.

Elle ne rend cependant pas compte de la situation particulière consistant pour l'organisation régionale à préserver l'objectif communautaire tout en respectant la liberté que les États ont conservée à travers des compétences non transférées. Ainsi, à titre d'exemple, si les systèmes de protection sociale restent du ressort des États membres, leur indifférence réciproque aura pour effet de dissuader les bénéficiaires du droit à la libre circulation de l'exercer. Aussi sera-t-il nécessaire d'assurer une compatibilité entre les différents systèmes nationaux.

Plus récemment, Jérôme Porta a considéré qu'« il est plus juridique de voir dans l'harmonisation une certaine idée du rapprochement que véritablement une forme déterminée de politique de rapprochement des droits »[259]. Pour lui, l'acte d'harmonisation renvoie aux « transformations escomptées dans les droits nationaux afin de les rendre équivalents »[260], et « ne se limite pas à énoncer des mesures communes », « ne projette pas nécessairement l'uniformité des droits nationaux et peut entendre, selon les cas, soit limiter, soit à l'inverse, intégrer les divergences pouvant naître de sa mise en œuvre »[261]. Il postule donc que l'harmonisation, en tant que processus de mise en convergence, inclut aussi bien l'énonciation d'une règle commune que l'adaptation des règles nationales à l'objectif commun.

Dans une approche différente, Louis Dubouis et Claude Blumann relèvent quant à eux que la diversité sémantique observée dans les traités

> *pourrait laisser penser à une gradation dans l'intensité de l'opération. La coordination serait ainsi le degré minimum de l'action commune et le rapprochement comme l'harmonisation représenterait une forme plus élaborée. Dans le premier cas il s'agirait simplement de rendre les législations nationales compatibles les unes avec les autres en éliminant également les dispositions contraires au droit de l'Union [...] alors que l'harmonisation et le rapprochement – que le traité semble considérer comme synonymes si l'on en croit par exemple leur usage indifférencié par l'article 114 TFUE – conduiraient à un apport substantiel et à des modifications de fond*[262].

---

259 Voir Jérôme Porta, La réalisation du droit communautaire. Essai sur le gouvernement juridique de la diversité, Paris, LGDJ, 2007, p. 330

260 *Op. cit.* p. 456.

261 *Ibid.*, p. 455.

262 Louis Dubouis et Claude Blumann, *Droit matériel de l'Union européenne*, Paris, LGDJ, 7e édition, 2015, p. 401.

Ils finissent toutefois par considérer que « *l'idée d'un contenu précis derrière chaque terme employé par les traités paraît assez théorique* »[263].

Katharina Boele-Woelki semble d'un avis différent. Pour elle, l'unification est un processus qui vise l'adoption d'une règle identique pour des États différents, tandis que l'harmonisation, moins radicale, aboutit à rendre les lois des différents États concernés en harmonie les unes avec les autres[264]. Elle précise d'ailleurs que les instruments utilisés pour ces deux actions sont différents : au sein de l'Union européenne par exemple, les règlements sont utilisés pour unifier, tandis que les directives permettent l'harmonisation[265].

Dans toutes ces analyses, l'intention sous-jacente est d'appréhender le rapport du droit national à l'objectif communautaire, d'une façon ou d'une autre. C'est pourquoi l'ancien juge de la Cour de justice des Communautés européennes, Nicola Catalano, écrivait avec raison que l'interprétation doit tenir compte de ce que les termes peuvent précisément avoir été utilisés comme des synonymes :

> *il semble plus correct,* écrivait-il, *plutôt que de partir d'une définition abstraite basée sur des considérations de pure logique juridique, d'examiner – sur la base des critères habituels d'interprétation – quelle est la portée effective que les auteurs de la disposition en cause ont voulu attribuer aux termes qu'ils ont employés. Le résultat de cet examen pourra, dans certains cas, amener à conclure que les termes ont été mal choisis ; mais il serait imprudent de faire primer une notion abstraite sur la volonté effective des auteurs de la disposition*[266].

On peut donc de ce point de vue proposer une lecture qui ait pour cadre l'identification des objectifs de l'action législative des instances régionales.

C. Proposition de lecture

Nous garderons donc à l'esprit qu'il faut chercher, au-delà des mots, les réalités ou situations concrètes. Nous en distinguerons trois.

---

263 *Idem.*

264 K. Boele-Woelki, *op. cit.*, pp. 299–300.

265 *Idem.*

266 Nicola Catalano, « La Communauté économique européenne et l'unification, le rapprochement et l'harmonisation du droit des États membres », *Revue internationale de droit comparé,* vol. 13 n° 1, Janvier–mars 1961, pp. 5–17.

Il peut être demandé aux États membres d'abandonner leurs législations respectives et d'appliquer la législation qu'ils auront définie en commun. Il n'existera donc qu'une seule norme, celle de l'Organisation commune. Les termes les plus adaptés semblent alors être ceux renvoyant à l'*unité*, c'est-à-dire l'uniformité ou l'unification. Mais dans tous les cas, cela impliquera la *substitution* des règles communes aux règles nationales.

Il peut ensuite être exigé des États de mettre leurs normes nationales en *conformité* avec le droit régional : il n'y a pas de substitution, mais l'application des droits nationaux de tous les États membres doit « *produire un effet similaire* » défini par les institutions communes. C'est ce à quoi renvoie le pr. Jeammaud quand il parle de « normes distinctes mais identiques ». Si les États conservent ici leur rôle compétence normative, celle-ci est néanmoins bornée par les exigences de l'Organisation commune. Que l'on évoque donc l'harmonisation, le rapprochement, ou encore la coordination, il s'agit dans tous les cas d'un *encadrement* des États par l'Organisation régionale.

Enfin, les États peuvent garder toute leur compétence quant à la production de règles nationales ; ils devront juste s'assurer qu'elles sont compatibles avec d'une part celles des autres États et, d'autre part, avec les finalités du processus d'intégration. Désignée comme coordination ou rapprochement, l'action de l'Organisation communautaire consistera donc ici, à *accompagner* ou *orienter* celle des États.

En résumé, l'Organisation va, selon les cas :

➔ assurer une uniformité en remplaçant les normes nationales par une norme régionale

↳ Remplacement / Substitution ➔ ***Uniformité***

➔ s'assurer de la conformité des droits nationaux aux obligations régionales en encadrant l'action des États, pour qu'ils s'adaptent à celles-ci

↳ Encadrement / Limitation ➔ ***Conformité***

➔ s'assurer de la compatibilité de la diversité des normes nationales avec les objectifs régionaux en orientant l'action autonome des États

↳ Accompagnement / Orientation ➔ ***Compatibilité***

Les deux premières situations se caractérisent principalement par la contrainte qui s'impose aux États membres. Leur marge d'action est soit nulle (substitution), soit soumise à contrôle (limitation). Quant à la dernière, elle ne laisse qu'une place secondaire aux instances régionales.

Associée à la typologie des domaines d'intégration que nous avons esquissée, cette grille de lecture de l'activité normative des institutions régionales peut alors permettre, dans le cadre d'un modèle normatif *approprié*, de clarifier la classification des *outils juridiques* permettant la réalisation des objectifs du processus d'intégration.

Paragraphe 2. L'appropriation du modèle normatif

Les expériences africaines d'intégration économique sont souvent freinées dans leur développement par l'érosion de la contrainte normative des traités et des règles édictées par les institutions communes. L'effectivité de ces normes, c'est-à-dire leur aptitude à produire des effets concrets dans les États membres, devrait donc être la principale préoccupation, puisqu'elle conditionne leur efficacité (c'est-à-dire l'aptitude à atteindre l'objectif recherché)[267]. Pour renforcer cette effectivité, trois éléments pourraient être pris en considération du point de vue de la production de la norme :

- l'adéquation des objectifs avec la capacité des États à en accepter la contrainte, ce que ces derniers traduiront par la définition d'un domaine *essentiel*. Par sa dimension subjective et volontaire, un tel domaine permettrait d'accroître l'adhésion des États à l'effectivité des engagements souscrits ;
- la détermination du niveau le mieux adapté pour la mise en œuvre des actions à travers l'application de la subsidiarité dans les deux dimensions que nous avons déjà évoquées ;
- paradoxalement, un pôle juridictionnel suffisamment fort permettant d'assurer un contrôle du respect des engagements, et assis sur un mécanisme de coopération efficace et adapté au contexte.

L'articulation des domaines d'intégration avec les objectifs et l'intensité de l'action normative d'une part, les compétences attribuées à l'organisation régionale et les actes à travers lesquels les institutions de cette dernière rempliront leurs missions permet de dégager des *modèles*

---

267 Voir Antoine Jeammaud et Évelyne Serverin (« Évaluer le droit », *op. cit.*, § 8) pour qui l'efficacité d'une norme « doit s'entendre (...) de sa réussite dans les missions sociétales générales qu'on lui assigne » ; elle « réside dans *l'obtention du résultat* recherché par l'autorité qui l'a édicté ».

différents, que nous schématiserons sous la forme de tableaux, et dont les entrées sont établies de la manière suivante :

- d'une part, l'action normative de la communauté sera *étalonnée* à travers les trois objectifs principaux :
  - l'uniformisation à travers laquelle l'action régionale vise à établir une réglementation unique, se substituant aux législations nationales par une suppression de toute marge de manœuvre aux États ; elle passe par la **substitution**, référencée « **S** ».
  - la conformité, à travers laquelle l'organisation régionale imposera aux États un cadre pour l'action de ces derniers ; elle nécessite donc une **limitation**, référencée « **L** ».
  - la compatibilité enfin, qui permet à la communauté de s'assurer que les systèmes normatifs des États, tout en restant autonomes, ne compromettent pas la réalisation de l'intégration ; l'action nécessaire sera donc l'**orientation**, référencée « **O** ».
- d'autre part, les différentes catégories de domaines à intégrer, définies plus haut :
  - « **E** » pour le domaine Essentiel,
  - « **A** » pour le domaine d'Accompagnement, et
  - « **P** » pour le domaine Périphérique.

Le modèle adapté découlera de la combinaison de ces éléments, et se concrétisera par un type particulier d'acte juridique, permettant par la même occasion de déduire le type de compétences attribuables à l'organisation régionale, ainsi que leur évolution. Ces éléments permettent de tracer un modèle linéaire, que d'autres facteurs pourraient pondérer.

1. *Le modèle linéaire*

Une première approche permet de considérer que plus on tend vers l'*essentiel*, plus il est important qu'il n'y ait pas de dérive, et donc plus il est nécessaire d'unifier les règles applicables. À l'inverse, l'action dans le domaine périphérique commanderait de ne confier à l'organisation régionale qu'un rôle d'accompagnement ou d'orientation. Aussi, la croissance de l'intensité de l'intégration déterminerait celle de la finalité normative. Le type d'acte juridique adapté découlerait de cette combinaison. Cela conduirait alors à esquisser un modèle qu'on qualifiera de *linéaire* ou *absolu* :

Tableau 4: Le modèle linéaire

	O	L	S
E			Acte *fort*
A		Acte *moyen*	
P	Acte *faible*		

Le modèle linéaire implique ainsi que dans un domaine d'activité de la Communauté marqué par des réticences fortes des États, et que ces derniers auront donc classé comme *périphérique*, l'action communautaire serait plus adéquate dans une perspective de coordination. Et la nécessité d'une marge de manœuvre pour les États afin de rendre compatible leur système national avec les objectifs de la Communauté appellera alors l'utilisation d'un « acte faible », c'est-à-dire un acte communautaire dont la contrainte sur les États est minimale. Il peut s'agir d'accords intergouvernementaux entre États membres, ou encore d'actes non contraignants comme les recommandations[268].

À l'opposé, légiférer dans un domaine *essentiel* se ferait mieux au moyen d'un acte ne laissant pas de marge de manœuvre aux États, et donc directement applicables, un « acte fort ». Il faut cependant que l'adhésion des États membres à l'objectif concerné soit suffisamment établie. À défaut, il y aurait glissement du domaine en question du champ *essentiel* vers le champ d'*accompagnement*.

Les actions dans le domaine d'*accompagnement* seraient quant à elles menées dans une concertation permanente entre les institutions de la Communauté et les États membres, afin d'assurer une meilleure efficacité des mesures prises, tenant compte tant de la nécessité d'assurer un encadrement commun fort que de l'intérêt d'une adaptation à chaque contexte national. À ce titre, l'instrument le plus approprié serait un « acte moyen », qui concilie ces deux exigences.

En définitive, les États définissent le contenu des domaines **E**, **A** ou **P**, c'est-à-dire le degré d'intégration, en fonction des contraintes qu'ils sont prêts à accepter, et en tirent les conséquences, en mettant en œuvre les outils juridiques adaptés : ils attribueraient des compétences exclusives pour la mise en œuvre du domaine *essentiel* et recourraient à cet égard à des actes juridiques *forts* ; des compétences concurrentes seraient définies

268 Telles qu'elles sont définies par le droit de l'Union européenne et reprises par les traités de la plupart des communautés africaines.

dans le domaine d'*accompagnement* associées à des actes-cadre ; des compétences de coordination enfin pour le domaine *périphérique*, exercé à travers des actes non contraignants. Une seconde approche permet ensuite de pondérer ce modèle linéaire.

2. Les modèles pondérés

On peut d'abord considérer que l'acceptation des États, n'est pas optimale. De ce fait, le modèle linéaire va être *adapté* à cette réticence. Il sera par exemple opportun de ne pas nécessairement recourir à la substitution, quand bien même serait en cause un élément du domaine *essentiel* :

Tableau 5: Modèle linéaire « adapté »

	O	L	S
E		Acte *moyen*	
A		Acte *moyen*	
P	Acte *faible*		

L'élément pondérateur est ici, une fois encore, l'acceptation par les États des objectifs et de leurs contraintes. Quand bien même les questions concernées relèveraient du domaine *essentiel*, prévoir d'y légiférer par une uniformisation au moyen d'un acte fort rendrait difficile l'adoption de tels actes, ou en compromettrait l'effectivité par une application empreinte de doutes. Le degré d'adhésion des États dans le domaine *essentiel* ne serait pas suffisamment fort pour *supporter* une *substitution*. Contrairement au modèle précédent, il y aurait ici recours à une subsidiarité ascendante plutôt qu'à la suppression de la marge d'initiative des États qu'implique la substitution.

On peut également considérer que ce faible engouement des États les pousse à se dérober à leurs obligations. Il conviendrait alors de *sécuriser* le processus, en privilégiant des politiques d'*accompagnement* qui les aideraient à terme à renforcer la mise en œuvre des actions dans des secteurs plus sensibles. Dans ce modèle *sécurisé*, plus adapté à une conception *délinéarisée* de l'intégration économique[269], on privilégierait

269 Voir *supra*, chapitre précédent.

la contrainte sur les États dans la mise en place du dispositif préparatoire, tout en sauvegardant leur marge d'action dans le domaine *essentiel* en attendant l'aboutissement des mesures d'accompagnement :

Tableau 6: Modèle « sécurisé »

	O	L	S
E	Acte *moyen*		
A			Acte *fort*
P	Acte *faible*		

On peut ainsi concevoir, par exemple, que la réglementation du travail fasse l'objet d'une uniformisation communautaire avant toute libéralisation de la circulation des travailleurs. De même, il peut être logique que des politiques communes soient mises en place dans le domaine industriel par exemple, avant que les barrières douanières ne soient complètement démantelées dans le commerce intracommunautaire des produits manufacturés : sans un flux interne de produits, la libre circulation des marchandises se résumerait à une « libre pratique », au sens du droit de l'Union européenne[270] ; or le flux interne ne peut exister que s'il y a une production locale… Si les réticences des États se manifestent par une protection (douanière) de leurs industries nationales, une planification industrielle à l'échelle communautaire peut être un préalable indispensable à l'intégration régionale dans ce domaine[271]. L'action normative serait alors plus intense dans le domaine d'*accompagnement*, tout en encadrant plus légèrement les actions nationales dans le domaine *essentiel*. Vues sous cet angle, les compétences attribuées à l'organisation régionale suivraient une courbe plus hétérogène que dans le modèle linéaire. C'est en effet dans le cadre du domaine d'accompagnement que l'organisation se verrait attribuer une mission de substitution, afin de préparer le cadre de réalisation du domaine essentiel qui, pour sa part, ferait l'objet de compétences conjointes entre les États et la communauté. Les caractéristiques des actes juridiques quant à elles suivraient toujours celles de l'intensité normative envisagée.

270 Article 28 § 2 du Traité sur le fonctionnement de l'Union européenne.

271 Voir *supra*, chapitre précédent.

Dans l'un ou l'autre de ces différents modèles, la fongibilité des éléments des différents domaines d'intégration facilitera l'évolution des compétences attribuées à l'organisation régionale, emportant également des changements quant aux actes juridiques correspondant. Ces derniers seraient en effet d'usage dans un domaine d'intégration, et non pas spécifiquement sur des éléments de chacun des domaines.

Conclusion

L'idée de ce travail, somme toute récapitulatif d'une expérience de recherche dans le domaine de l'intégration économique régionale africaine, était de rechercher, au-delà de ce que nous avons appelé l'infrastructure juridique, les causes et partant les éléments de solution à la difficulté constatée de la réalisation de l'intégration. Cette recherche a été faite sous le prisme de l'effectivité des engagements internationaux des États membres, fondement de l'analyse juridique de l'intégration. En examinant le problème sous cet angle, il est apparu important de redonner à l'ensemble des acteurs leur place dans la réalisation du projet d'intégration. La question de la volonté politique est tout aussi importante, mais elle conduit à l'un des travers que nous voulions contourner, à savoir le confinement de la réalisation de l'intégration à la seule action des États et de leurs institutions, ainsi qu'à celle des organes qu'ils ont créés dans le cadre régional pour la mise en œuvre du traité. Il ne peut cependant être question de considérer que la volonté des États n'est que secondaire, et qu'elle ne conditionne pas l'ensemble de l'édifice. Cette réalité est incontournable. Il n'y a pas de processus d'intégration sans au préalable un engagement des États sous la forme d'un traité d'intégration. Mais, puisque le problème posé est celui de l'effectivité du droit produit par ces traités, l'infrastructure juridique développée doit être menée dans une logique de *personnalisation*. Et l'objet des traités doit être envisagé comme destiné à être *utilisé*. C'est à cet égard que le concept d'appropriation présentait de l'intérêt, en obligeant à situer le projet d'intégration dans son *opportunité sociale*, dans sa justification concrète. Au fond, le livre se veut davantage méthodologique. Ainsi, une démarche d'appropriation permet de définir le type de supranationalité dont on a besoin et le type d'organisation normative qu'on est prêt à accepter. De même, le périmètre adéquat d'une organisation d'intégration sera d'autant mieux atteint qu'il sera discuté par tous les protagonistes, dans le cadre de la *participation* (référendaire par exemple, ou d'autre type). L'hypothèse est donc qu'il n'y a pas de modèle absolu, et que la réussite du processus d'intégration découle des engagements que l'on est prêt à prendre, et des dispositifs que l'on met en place pour les concrétiser.

Chacun des aspects développés ici pour envisager aussi bien la nécessité d'une adaptation conceptuelle de l'intégration aux contexte et ambition de ses concepteurs que l'implication de l'ensemble des acteurs dans la mise en œuvre du processus, doit être vu comme un objet de recherche en soi. L'adéquation des voies de recours juridictionnelles au contexte africain et à l'objectif des traités d'intégration reste à confirmer, tant il est vrai par exemple que les compétences de *vérification* attribuées aux juges régionaux sur les actes des États posent des problèmes que seule l'intensification de la pratique précisera progressivement. L'articulation des compétences régionales et nationales mériterait-elle aussi des analyses plus spécifiques, car le modèle esquissé ici sur la base des dispositions des traités – et de l'interprétation jurisprudentielle – ne fait qu'effleurer les questions qui émergent dans cette perception particulière des compétences conjointes. L'insertion des acteurs non institutionnels mérite une exploration d'un point de vue non seulement juridique mais aussi politique et organisationnel, pour appréhender son impact à la fois sur la place et l'exercice la représentation étatique, et sur la politisation que cela pourrait impliquer pour les corps intermédiaires associés.

La constante qui nous est apparue indispensable reste toutefois la nécessité d'envisager les éléments d'infrastructure juridique dans leur finalité, et de mettre en évidence la nécessité d'une auto-implication des acteurs non étatiques dans l'*utilisation* de l'intégration, tant il est vrai que le développement du processus d'intégration ne peut pas se faire si les principaux bénéficiaires ne sont pas mobilisés et actifs dans la concrétisation des droits qu'ils peuvent tirer des règles mises en place. L'intégration économique devient ce qu'en font les acteurs, et les règles et institutions juridiques sont des instruments au service de cette ambition politique et sociétale.

Table des Figures et Tableaux

Bibliographie

Ouvrages, Monographies, Thèses, Rapports

Akoutou A. B., Sohn R., Vogl M. et Yeboah D. (eds.), *Understanding Regional Integration in West Africa. A Multi-Thematic and Comparative Analysis*, University of Bonn, Center for European integration Studies, WAI-ZEI Papers, 2014.

Balassa Bela, *The Theory of Economic Integration*, London, George Allen & Unwin Ltd, 1961.

Bekolo-Ebé Bruno, *Intégration et relations économiques interafricaines. Bilan et perspectives*, thèse Paris 1, 1977.

Ben Hammouda H., Bekolo Ebe B., Mama T., *L'intégration régionale en Afrique centrale*, Paris, Karthala, 2003

Boele-Woelki Katharina, *Unifying and Harmonizing Substantive Law and the Role of Conflict of Laws*, R.C.A.D.I. 2009, tome 340.

Cerexhe Étienne, Le Hardy de Beaulieu Louis, *Introduction à l'Union économique ouest-africaine*, Bruxelles, De Boeck, 1997.

Clergerie Jean-Louis, *Le principe de subsidiarité*, Paris, Ellipses, 1997.

Commission économique des Nations Unies pour l'Afrique, *État de l'intégration régionale en Afrique*, vol. I (Addis-Abeba, 2004, 311 p.).

Commission économique des Nations Unies pour l'Afrique, *État de l'intégration régionale en Afrique*, vol. II – *Rationalisation des Communautés économiques régionales* (Addis-Abeba, 2006, 201 p.).

Commission économique des Nations Unies pour l'Afrique, *État de l'intégration régionale en Afrique*, vol. III – *Vers l'intégration monétaire et financière en Afrique* (Addis-Abeba, 2008, 332 p.).

Commission économique des Nations Unies pour l'Afrique, *État de l'intégration régionale en Afrique*, vol. IV – *Développer le commerce intra-africain* (Addis-Abeba, 2010, 590 p.).

COMMISSION ÉCONOMIQUE des Nations Unies pour l'Afrique, *État de l'intégration régionale en Afrique*, vol. V – *Vers une Zone de Libre-échange continentale africaine* (Addis-Abeba, 2012, 178 p.).

COMMISSION ÉCONOMIQUE des Nations Unies pour l'Afrique, *État de l'intégration régionale en Afrique*, vol. VI – *Harmonisation des politiques visant à transformer l'environnement commercial* (Addis-Abeba, 2013, 88 p.).

COMMISSION ÉCONOMIQUE des Nations Unies pour l'Afrique, *État de l'intégration régionale en Afrique*, vol. VII – *Innovation, compétitivité et intégration régionale* (Addis-Abeba, 2016, 158 p.).

COMMISSION ÉCONOMIQUE des Nations Unies pour l'Afrique, *État de l'intégration régionale en Afrique*, vol. VIII – *Vers la réalisation de la Zone de libre-échange continentale* (Addis-Abeba, 2017, 186 p.).

COMMISSION ÉCONOMIQUE pour l'Afrique, COMMISSION de l'Union Africaine, BANQUE AFRICAINE DE DÉVELOPPEMENT, *Indice de l'intégration régionale en Afrique. Rapport 2019* (Addis-Abeba, 2019).

DE LOMBAERDE Ph., SÖDERBAUM F. (eds.), *Regionalism*, vol. 1 *: Classical Regional Integration (1945–1970)*, London, SAGE, 2013.

DE LOMBAERDE Ph., SÖDERBAUM F. (eds.), *Regionalism*, vol. 2 *: Revisions of Classical Regional Integration (1970–1990)*, London, SAGE, 2013.

DE LOMBAERDE Ph., SÖDERBAUM F. (eds.), *Regionalism*, vol. 3 *: The New Regionalism (1990–2000)*, London, SAGE, 2013.

DE LOMBAERDE Ph., SÖDERBAUM F. (eds.), *Regionalism*, vol. 4 *: Comparative Regionalism (2000–2010)*, London, SAGE, 2013.

EBALÉ Raymond, *Les accords de partenariat économique entre l'Union européenne et les pays ACP. Les cas de l'Afrique centrale et du Cameroun*, Paris, L'Harmattan (coll. Études africaines, Série Économie), 2016.

FIPA NGUEPJO Jacques, *Le rôle des juridictions supranationales de la CEMAC et de l'OHADA dans l'intégration des droits communautaires par les États membres*, thèse de droit public, Paris 2, 2011.

FISCHER Gustave-Nicolas, *Espace industriel et liberté*, Paris, P.U.F., 1980.

FISCHER Gustave-Nicolas, *Psychologie des espaces de travail*, Armand Colin, 1989.

FISCHER Gustave-Nicolas, *Psychologie des espaces de travail*, Malakoff, Armand Colin, 1989.

FISCHER Gustave-Nicolas, *Psychosociologie de l'espace*, Paris, P.U.F., Que sais-je, 1981.

FLAESCH-MOUGIN Catherine, LEBULLENGER Joël (dir.), *Regards croisés sur les intégrations régionales : Europe, Amérique, Afrique*, Bruxelles, Bruylant, 2010.

FRIMPONG OPPONG Richard, *Legal Aspects of Economic Integration in Africa*, Cambridge University Press, 2011.

GNIMPIEBA TONNANG Édouard, *L'ordre juridique communautaire de la CEMAC*, Paris, L'Harmattan, 2016

GUILLAUMONT P. et S., *Zone Franc et développement africain*, Paris, Economica, 1984, 337 p.

HAAS Ernst B., *The Uniting of Europe. Political, Social and Economic Forces 1950–1957*, Stanford University press, 2e edition, 1968.

HOOGHE L., MARKS G., LENZ T., BEZUIJEN J., CEKA B., DERDERYAN S., *Measuring International Authority: A Postfunctionalist Theory of Governance*, vol. III, Oxford University Press, août 2017, 928 p.

IBRIGA L.M., COULIBALY S.A., SANOU D., *Droit communautaire ouest-africain*, Université de Ouagadougou, U.F.R. de Sciences Juridiques et Politiques, Collection Précis de droit burkinabè, novembre 2008, 510 p.

KEMFOUET KENGNY Émile-Derlin, *Les juridictions des organisations d'intégration économique en Afrique*, Paris, LGDJ, 2017.

LEUFFEN Dirk, RITTBERGER Berthold, SCHIMMELFENNIG Frank, *Differentiated Integration. Explaining Variation in the European Union*, Basingstoke, Palgrave, 2013.

NORODOM KIARI J.-Bedel, *L'intégration régionale en Afrique centrale (1916–1960). Une analyse des jalons posés par la France*, Paris, L'Harmattan, 2012.

PORTA Jérôme, *La réalisation du droit communautaire. Essai sur le gouvernement juridique de la diversité*, Paris, LGDJ, 2007.

PRISO-ESSAWE Samuel, *Intégration économique et droit en Afrique centrale*, thèse de droit public, Montpellier 1, 1997.

RASPAIL Hélène, *Le conflit entre droit internet et obligations internationales de l'État*, thèse de droit public, Paris 2, 2011, 663 p.

ROSANVALLON Pierre, *Histoire moderne et contemporaine du politique. Les corps intermédiaires dans la démocratie*, Cours au Collège de France, 2001–2002.

SALL Alioune, *La justice de l'intégration. Réflexions sur les institutions judiciaires de la CEDEAO et de l'UEMOA*, Paris, L'Harmattan, 2e édition, 2018.

SALL Alioune, *Les mutations de l'intégration des États en Afrique de l'Ouest. Une approche institutionnelle*, Paris, L'Harmattan, 2006.

SANOU Dramane, *La juridictionnalisation des Organisations régionales d'intégration économique en Afrique*, thèse de droit public, Paris 1, 2012

SARTRE Jean-Paul, *L'être et le néant. Essai d'ontologie phénoménologique*, Paris, Gallimard, 1943.

SAURUGGER Sabine, *Théories et concepts de l'intégration européenne*, Paris, SciencesPo Les Presses, 2009.

SIDJANSKI Dusan, *Processus de décision nationaux en relation avec l'intégration régionale. Étude comparative*, Genève, CNUCED (UNCTAD/TE/87), 1976.)

SINDJOUN Luc, *Relations internationales africaines*, Paris, Karthala, 2002

SIROËN Jean-Marc, *La régionalisation de l'économie mondiale*, Paris, La Découverte, 2e édition, 2004.

SÖDERBAUM Fredrik, BROLIN Therese, *Support to Regional Cooperation and Integration in Africa: What Works? and Why?*, Report to EBA, Stockholm, 2016, 114 p.

SÖDERBAUM Fredrik, *Rethinking Regionalism*, Basingstoke, Palgrave Macmillan, 2016, 252 p.

UGIRASHEBUJA E., RUHANGISA J.E., OTTERVANGER T., CUYVERS A. (eds.), *East African Community law. Institutional, Substantive and Comparative EU Aspects*, Leiden, Brill, 2017.

VINER Jacob, *The Customs Union Issue*, New-York, Carnegie Foundation for International Peace, 1950.

VON LINDEINER-WILDAU Klaus, *La supranationalité e tant que principe de droit (aspects européens)*, Leiden, Sijthoff, 1970.

YONDO Marcel, *Dimension nationale et développement économique. Théorie et application dans l'UDEAC*, Paris, LGDJ, 1970.

ARTICLES

AKANDJI KOMBÉ J.F., « Les obligations positives et la protection des droits sociaux dans le système européen des droits de l'homme », Réseau

Académique sur la Charte sociale européenne (RACSE), Conférence de Turin, 2014, 14 p.

Akouété Akué Michel, « La communication des institutions de l'OHADA », *Revue de droit uniforme africain*, 2010, n° 1, 2e trimestre, p. 15.

Avom Désiré, « Intégration régionale dans la CEMAC : des problèmes institutionnels récurrents », *Afrique contemporaine* 2007/2, n° 222, p. 200.

Axline W.A., « Underdevelopment, dependence and integration: the politics of regionalism in the Third World », in Ph. De Lombaerde et F.Söderbaum, *Regionalism*, London, Sage publications, 2013, vol. 1, p. 222.

Bach Daniel C., « Revisiting a paradigm » in Ph. De Lombaerde et F. Söderbaum (eds.), *Regionalism*, vol. III, London, SAGE, 2013, pp. 475–490.

Békolo-Ebé Bruno, « L'intégration régionale en Afrique : caractéristiques, contraintes et perspectives », *Mondes en développement* 2001/3 (n° 115–116), p. 83.

Belk Russel W., « Possessions and extended self », *Journal of consumer research*, vol. 15, September 1988, pp. 139–170.

Brunel O. et Roux D., « L'appropriation des produits par le consommateur : proposition d'une grille d'analyse », in A. Grimand (dir.), *L'appropriation des outils de gestion. Vers de nouvelles perspectives théoriques ?*, Publication de l'Université de Saint-Étienne, Collection Gestion, 2006, pp. 83–104.

Carù Antonella et Cova Bernard, « Approche empirique de l'immersion dans l'expérience de consommation : les opérations d'appropriation », *Recherche et Applications en Marketing*, vol. 18, n° 2/2003, pp. 47–65.

Catalano Nicola, « La Communauté économique européenne et l'unification, le rapprochement et l'harmonisation du droit des États membres », *Revue internationale de droit comparé*, vol. 13 n° 1, janvier–mars 1961, pp. 5–17.

Cessou Sabine, « Le poids du secteur informel », *Manière de voir. Le Monde Diplomatique*, n° 143, oct.–nov. 2015, p. 54.

Chaserant Camille, « Les fondements incomplets de l'incomplétude : une revue critique de la théorie des contrats incomplets », *L'Actualité économique*, 2007, vol. 83, n° 2, pp. 227–253.

CHATRIOT Alain, « Les corps intermédiaires en République : un problème ou une solution pour l'État ? (France, XIXe–XXe siècles) », *Histoire, économie & société*, 2016/1 (35e année), pp. 36–44.

CHÉNO Rémi, « La pertinence ecclésiologique de la théorie de l'institution de Maurice Hauriou », *Revue des sciences religieuses*, 2008, n° 82/2.

CHILOMBA KAMANGA Khoti, POSSI Ally, « General Principles Governing EAC Integration », in Emmanuel Ugirashebuja, John Eudes Ruhangisa, Tom Ottervanger, Armin Cuyvers (eds.), *East African Community Law. Institutional, Substantive and Comparative EU Aspects*, Leiden, Brill Nijhoff, 2017, pp. 202–216.

COMBACAU Jean, « Obligation de résultat et obligation de comportement. Quelques questions et pas de réponse », in *Le droit international : unité et diversité. Mélanges offerts à Paul Reuter*, Paris, Pedone, 1981, p. 202.

COMMISSION de l'Union africaine, *Le Programme Minimum d'Intégration*, Addis-Abeba, 2010 (24 p.)

COMMISSION ÉCONOMIQUE pour l'Afrique, COMMISSION de l'Union Africaine, BANQUE AFRICAINE DE DÉVELOPPEMENT, *Indice de l'intégration régionale en Afrique. Rapport 2016*, Addis-Abeba, 2016.

COSTA Delphine, « La commission européenne en question », Communication au colloque sur *Le niveau pertinent d'intégration. Regards croisés sur l'intégration en Europe et en Afrique centrale*, Institut des Relations Internationales du Cameroun (Yaoundé, novembre 2008, inédit).

DE LOMBAERDE Ph., SÖDERBAUM F., VAN LANGENHOVE Luk, BAERT F., « The Problem of Comparison in Comparative Regionalism », *Jean Monnet/Robert Schuman Paper Series*, vol. 9, n° 7, April 2009, University of Miami

DE LOMBAERDE Philippe, LIZARAZO RODRÍGUEZ Liliana, « International Regionalism and National Constitutions. A Jurimetric Assessment », European University Institute, Robert Schuman Centre for Advanced Studies, Global Governance Programme, Working Paper RSCAS 2014/72, 23 p.

DE WAELE Henri, « The Role of the European Court of Justice in the Integration Process: A Contemporary and Normative Assessment », *Hanse Law Review*, 2010, vol. 6, n° 1, pp. 3–26.

DOMPNIER Nathalie, « Le débat sur le "déficit démocratique de l'Union européenne". Quand la question du "niveau pertinent d'intégration" croise celle de la légitimité politique », Communication au colloque sur *Le niveau pertinent d'intégration. Regards croisés sur l'intégration en Europe et en Afrique centrale*, Institut des Relations Internationales du Cameroun (Yaoundé, novembre 2008, inédit).

ECONOMIC COMMISSION for Latin America, « The Latin American Common Market and the Multilateral Payments System », in Ph. De Lombaerde et F.Söderbaum, *Regionalism*, London, Sage publications, 2013, vol. 1, pp. 103 et s.

GAUTRON J.-Claude, « La Communauté économique de l'Afrique de l'Ouest. Antécédents et perspectives », *A.F.D.I.* 1975, pp. 197–215.

GUILLAUMONT P. et S., « L'intégration un nouvel enjeu pour la Zone franc », *Revue d'Économie du Développement*, 1993 n° 2, pp. 82–111.

HELFER Laurence R., ALTER Karen J., "The Andean Tribunal of Justice and its Interlocutors: understanding preliminary reference patterns in the Andean Community", *N.Y. University Journal of International Law and Politics*, 2009, vol. 41.

HETTNE Björn, SÖDERBAUM Fredrik, "Theorising the Rise of Regionness", *New Political Economy*, vol. 5, n° 3, December 2000, pp. 457–473.

HETTNE Björn, SÖDERBAUM Fredrik, « The new regionalism approach », Politeia, vol. 17, n° 3, 1998.

JEAMMEAUD Antoine, SERVERIN Évelyne, « Évaluer le droit », *Recueil Dalloz*, 1992, p. 263.

JEAMMAUD Antoine, « Unification, uniformisation, harmonisation : de quoi s'agit-il ? » in F. Osman (dir.), *Vers un code européen de la consommation*, Bruxelles, Bruylant, 1998, p. 35–55.

KAMTO Maurice, « La Communauté économique des États de l'Afrique centrale, une Communauté de plus ? », *Annuaire français de droit international*, 1987, vol. 33, pp. 839–862.

KAMTO Maurice, « Les Cours de justice des communautés et des organisations d'intégration économique africaines », *African Yearbook of International Law*, vol. 6, 1998, pp. 107–150.

KENFACK DOUAJNI Gaston, « L'expérience internationale de la Cour commune de justice et d'arbitrage de l'OHADA », in *L'indépendance de la justice*, 2e Congrès de l'Association des Hautes juridictions de cassation des pays ayant en partage l'usage du français (AHJUCAF), Dakar, 2007, pp. 145 et s.

LEUFFEN Dirk, « *European Union as a Blueprint? Nine Hypotheses on Differentiated Integration in a Comparative Perspective* », University of Bonn, Center for European integration Studies, WAI-ZEI Papers, n° 8/ 2013.

MAHIOU Ahmed, « La Communauté économique africaine », *Annuaire français de droit international*, 1993, vol. 39, pp. 798–819.

MARKS G., LENZ T., CEKA B., BURGOON B., « Discovering cooperation: a contractual approach to institutional change in regional integration organizations », European University Institute Working Papers, Robert Schuman Center for advanced Studies, Global Governance Programme-113, RSCAS 2014/65, 35 p. (Disponible sur le site dédié de l'Institut Universitaire Européen de Florence : http://cadmus.eui.eu// handle/1814/31551 - accédé le 9 août 2021).

MBEMBE BINDA Elvis, « The legal framework of the EAC », in Emmanuel Ugirashebuja, John Eudes Ruhangisa, Tom Ottervanger, Armin Cuyvers (eds.), *East African Community Law. Institutional, Substantive and Comparative EU Aspects*, Leiden, Brill Nijhoff, 2017, pp. 103–118.

MILLARD Éric, « Hauriou et la théorie de l'institution », *Droit et société* 1995, n° 30/31.

MONACO Riccardo, « Comparaison et rapprochement des législations dans le Marché commun européen », *Revue internationale de droit comparé*, vol. 12 n° 1, janvier–mars 1960, pp. 61–74.

MONTOUTE Annita, « Civil society participation in EPA implementation. How to make the EPA Joint CARIFORUM-EC Consultative Committee work effectively? », ECPDM Discussion Paper n° 119 (https://ecdpm.org/publications/civil-society-participation-epa-implementation-cariforum-ec/), Maastricht, juin 2011.

MYTELKA Lynn, « Regional integration in the Third World », in *International dimensions or regional integration in the Third World*, Ottawa, University of Ottawa Press, 1975, pp. 15 et s.

OYAYA J.-Rémi., « L'oubli des réalités régionales dans l'intégration en Afrique centrale : le cas de la CEMAC », *Mondes en développement*, 2001/ 3 (n° 115–116), p. 103–113.

PRISO-ESSAWE Samuel, « L'intégration régionale dans le droit constitutionnel des États d'Afrique sub-saharienne », in Maurice Kamto, Stéphane Doumbè-Billè, Brusil Miranda Metou (dir.), *Regards sur le droit public en Afrique. Mélanges en l'honneur du Doyen Joseph-Marie*

Bipoun-Woum, Paris, L'Harmattan, 2016, Collection *Études africaines*, pp. 341–362.

Priso-Essawe Samuel, « Institutions parlementaires régionales en Afrique. Une approche critique », in Isabelle Bosse-Platière (dir.), *La parlementarisation des processus d'intégration régionale. Approche comparée Europe, Afrique, Amériques*, Presses Universitaires de Rennes, (2020), pp. 157–176.

Priso-Essawe Samuel, « Le Cameroun et la Cour de justice de la CEMAC », in A.D. Olinga (dir.), *Le Cameroun et le prétoire international*, Yaoundé, Éditions Afrédit, 2015, pp. 49–70.

Priso-Essawe Samuel, « Intégration économique et constitution d'un "*patrimoine commun communautaire*" : Éléments pour un concept nouveau », in Louis-Daniel Muka Tshibende (dir.), *Personne et Patrimoine. Variation sur une connexion*, Bruxelles, Bruylant, 2014, pp. 216–236.

Priso-Essawe Samuel, « Fondements constitutionnels de l'intégration régionale en Afrique : de l'opérationnalité du concept d'"Unité africaine" », United Nations University, Comparative Regional Integration Studies, (Bruges), Working Paper W-2014/11.

Priso-Essawe Samuel, « The development and relevance of regional law in West Africa » in A.B. Akoutou, R. Sohn, M. Vogl et D. Yeboah (eds.), *Understanding Regional Integration in West Africa? A Multi-Thematic and Comparative Analysis*, University of Bonn, Center for European integration Studies, WAI-ZEI Papers, 2014, n° 17, pp. 71–103.

Priso-Essawe Samuel, « Les espaces juridiques de sécurisation des investissements en Afrique : entre droits communautaires et droit uniforme », *Lamy Droit Civil*, n° 67, janvier 2010, pp. 59–67.

Priso-Essawe Samuel, « L'application nationale de la norme CEMAC. Le cas du Cameroun », in Sergio Abeso Tomo *et al.* (dir.), *Derecho originario de la CEMAC. Tratados constitutivos y artículos de análisis en español*, Madrid, Fundación Internacional y para Iberoamérica de Administración y Políticas Públicas [FIIAPP], 2010.

Priso-Essawe Samuel, « Approche critique de l'intensité normative du droit de la CEMAC », Communication au colloque sur *Le niveau pertinent d'intégration. Regards croisés sur l'intégration en Europe et en Afrique centrale*, Institut des Relations Internationales du Cameroun (Yaoundé, novembre 2008, inédit).

Priso-Essawe Samuel, « L'inamovibilité de l'exécutif dans les Communautés économiques d'Afrique francophone : de la maîtrise politique au respect du droit », *Recueil Penant (Revue trimestrielle de droit africain)*, n° 864, 2008, pp. 317–339.

Priso-Essawe Samuel, « Activités de la Cour de Justice de la Communauté Économique et Monétaire de l'Afrique centrale », *Recueil Penant (Revue trimestrielle de droit africain)*, n° 858, 2007, pp. 105–125.

Ramdoo Isabelle, Walker Aurélie, « *Implementing the EPA in the EAC and the CARIFORUM regions. What's in it for the private sector?* », ECPDM Discussion Paper n° 104 (https://ecdpm.org/publications/economic-partnership-agreement-east-african-community-and-the-cariforum-regions/), Maastricht, octobre 2010, p. 24.

Sall Alioune, « La place des Parlements dans les processus d'intégration en Afrique de l'Ouest » in Isabelle Bosse-Platière (dir.), *La parlementarisation des processus d'intégration régional. Approche comparée Europe, Afrique, Amériques*, Presses Universitaires de Rennes, (2020), pp. 133–156.

Simon Denys, « Le phénomène d'intégration entre unité et diversité. Leçon inaugurale », Communication au colloque sur *Le niveau pertinent d'intégration. Regards croisés sur l'intégration en Europe et en Afrique centrale*, Institut des Relations Internationales du Cameroun (Yaoundé, novembre 2008, inédit).

Söderbaum Fredrik, « Early, Old, New and Comparative Regionalism: The scholarly development of the field », in Tanja A. Börzel and Thomas Risse (eds.), *The Oxford Handbook of Comparative Regionalism*, Oxford University Press, 2016.

Söderbaum Fredrik, « Rethinking regions and regionalism », *Georgetown Journal of International Affairs*, Summer/Fall 2013, pp. 9–18.

Söderbaum Fredrik, « What's wrong with regional integration? The problem of eurocentrism », European University Institute Working Papers, Robert Schuman Center for advanced Studies, Global Governance Programme-63, RSCAS 2013/64.

Söderbaum Fredrik, Brolin Therese, *Support to Regional Cooperation and Integration in Africa: What Works? and Why?*, Report to EBA, Stockholm, 2016, 114 p.

Stone Sweet Alec, Caporaso James A., « La Cour de justice et l'intégration européenne », *Revue française de science politique*, 1998, n° 2, pp. 195–244.

Tsafack Nafosso R.A., Tamba I., « Enjeux et problématique de l'intégration économique en Afrique centrale », in H. Ben Hammouda, B. Bekolo Ebe, T. Mama, *L'intégration régionale en Afrique centrale*, Paris, Karthala, 2003, pp. 43 et s.

Von Staden Andreas, « Subsidiarity in regional integration regimes in Latin America and Africa », *Law and Contemporary Problems*, vol. 79–27, n° 2–2016, pp. 27–52.

Yadi Melchior, « Promotion du développement industriel équilibré des pays-membres de l'UDEAC et de la CAE », *Études internationales*, 1975, vol. 6 n° 1, pp. 66–102.

Comité scientifique

Titres parus

Vol. 28 – Samuel-Jacques Priso-Essawe, *Intégration régionale « appropriée » en Afrique. Éléments juridiques d'effectivité*, 2021.

Vol. 27 – Vincent Herbert (dir.), *Tourisme et Territoires. Espaces d'innovations*, 2021.

Vol. 26 – Jean-Alain Héraud et Nathalie Popiolek, *L'organisation et la valorisation de la recherche. Problématique européenne et étude comparée de la France et de l'Allemagne*, 2021.

Vol. 25 – Stéphanie Lachaud-Martin, Corinne Marache, Julie McIntyre, Mikaël Pierre (eds.), *Wine, Networks and Scales. Intermediation in the Production, Distribution and Consumption of Wine*, 2021.

Vol. 24 – Verónica González-Araujo, Roberto-Carlos Álvarez-Delgado, Ángel Sancho-Rodríguez (eds.), *Ethics in Business Communication. New Challenges in the Digital World*, 2020.

Vol. 23 – Didier Caveng, *L'éthique dans la finance. Les banques genevoises à l'épreuve des faits*, 2019.

Vol. 22 – Andre Tiran et Dimitri Uzunidis (dir.), *Libéralisme et protectionnisme*, 2019.

Vol. 21 – Dominique Desjeux, *The anthropological perspective of the world. The inductive method illustrated*, 2018.

Vol. 20 – Benoit Bernard, *Management Public. 65 schémas pour analyser et changer les organisations publiques*, 2018.

Vol. 19 – Dimitri Uzunidis (dir.), *Recherche académique et innovation. La force productive de la science*, 2018.

Vol. 18 – Jean Vercherand, *Le marché du travail. L'esprit libéral et la revanche du politique*, 2018.

Vol. 17 – Dominique Desjeux (dir.), *L'empreinte anthropologique du monde. Méthode inductive illustrée*, 2018.

Vol. 16 – Sophie Boutillier, *Entrepreneuriat et innovation*, 2017.

Vol. 15 – Arvind Ashta, *Microfinance. Battling a Wicked Problem*, 2016.

Vol. 14 – Jean Vercherand, *Microéconomie. Une approche critique : Théorie et exercices*, 2016.

Vol. 13 – Reseau de Recherche sur l'innovation, Blandine Laperche (dir.), *Géront'innovations. Trajectoires d'innovation dans une économie vieillissante*, 2016.

Vol. 12 – Societe Internationale Jean-Baptiste Say, Dimitri Uzunidis (dir.), *Et Jean-Baptiste Say… créa l'Entrepreneur*, 2015.

Vol. 11 – Faiz Gallouj, Francois Stankiewicz (dir.), *Le DRH innovateur. Management des ressources humaines et dynamiques d'innovation*, 2014.

Vol. 10 – Charlotte Fourcroy, *Services et environnement. Les enjeux énergétiques de l'innovation dans les services*, 2014.

Vol. 9 – Remy Herrera, Wim Dierckxsens, Paulo Nakatani (eds.), *Beyond the Systemic Crisis and Capital-Led Chaos. Theoretical and Applied Studies*, 2014.

Vol. 8 – Reseau de Recherche sur l'Innovation, Sophie Boutillier, Joelle Forest, Delphine Gallaud, Blandine Laperche, Corinne Tanguy, Leila Temri (dir.), *Principes d'économie de l'innovation*, 2014.

Vol. 7 – Michel Santi, *Capitalism without Conscience*, 2013.

Vol. 6 – Arnaud Diemer, Jean-Pierre Potier, Léon Walras. *Un siècle après (1910-2010)*, 2013.

Vol. 5 – Sophie Boutillier, Faridah Djellal, Dimitri Uzunidis (Reseau de Recherche sur l'Innovation) (dir.), *L'innovation. Analyser, anticiper, agir*, 2013.

Vol. 4 – Aurelie Trouve, Marielle Berriet-Solliec, Denis Lepicier (dir.), *Le développement rural en Europe. Quel avenir pour le deuxième pilier de la Politique agricole commune* ?, 2013.

Vol. 3 – Sophie Boutillier, Faridah Djellal, Faiz Gallouj, Blandine Laperche, Dimitri Uzunidis (dir.), *L'innovation verte. De la théorie aux bonnes pratiques*, 2012.

Vol. 2 – Faridah Djellal, Faiz Gallouj, *La productivité à l'épreuve des services*, 2012.

Vol. 1 – Abdelillah Hamdouch, Sophie Reboud, Corinne Tanguy (dir.), PME, *dynamiques entrepreneuriales et innovation*, 2011.